Investiere dich frei!

*Emilia Bolda* ist Unternehmerin, Investorin und Finanzmentorin. Sie wuchs als Einwandererkind mit begrenzten finanziellen Möglichkeiten auf. Nach vielen Jahren als Lehrerin entdeckte sie die Welt der Geldanlage, baute ein sechsstelliges Depot auf und gründete 2021 das Coaching-Programm *Investiere.Dich.Frei.* Seither unterstützte sie über 1.000 Frauen dabei, finanzielle Bildung aufzubauen und unabhängig zu werden. Emilia Bolda ist Speakerin auf großen Bühnen, Host eines erfolgreichen Finanz-Podcasts und Mutter von zwei Kindern.

EMILIA BOLDA

# Investiere. Dich. Frei!

Börse –
die einzige Shoppingmall,
die dein Geld vermehrt

Campus Verlag
Frankfurt / New York

*Ha ungsausschluss:* Investieren in Fondsanteile, Wertpapiere, Immobilien oder andere Vermögenswerte heißt stets und notwendigerweise, Risiken einzugehen. Vermögensanlagen in Aktien, Anleihen, Bankguthaben, Edelmetallen, Rohstoffen und Immobilien sind mit beträchtlichen Verlustgefahren verbunden. Die historischen Daten, die in diesem Buch enthalten sind, bieten keine Gewähr für zukünftige Renditen oder Erträge. Autorin und Verlag geben keine Garantie für die Richtigkeit der Daten und Berechnungen. Die Aussagen in diesem Buch spiegeln die persönlichen Ansichten der Autorin wider, sind rein didaktischer Natur und sind nicht als Finanzberatung oder Anlageempfehlungen (z. B. im Sinne des Wertpapierhandelsgesetzes) zu verstehen. Eine Haftung für Schäden, die aus der Befolgung der in diesem Buch gegebenen Hinweise resultieren, wird nicht übernommen.

ISBN 978-3-593-52161-9 Print
ISBN 978-3-593-46313-1 E-Book (PDF)
ISBN 978-3-593-46312-4 E-Book (EPUB)


Umschlaggestaltung: zeichenpool, Milena Djuranovic
Umschlagfoto: © Emilia Bolda
Layout/Satz: Oliver Schmitt, Mainz
Druck und Bindung: Beltz Grafische Betriebe GmbH, Bad Langensalza
Printed in Germany

Campus Verlag® / www.campus.de

# Inhalt

Für dich.

Für die Frau, die dieses Buch öffnet und damit zeigt:
*Ich wähle mich.*

Möge jede Seite dir Mut schenken, dich an deine innere Stärke erinnern und dir das Vertrauen geben, deinen Weg zu gehen.

Ich sehe dich. Ich glaube an dich. Und ich bin dankbar, dich auf diesem Weg begleiten zu dürfen.

# Intro

# Der Augenblick, der mein Leben völlig veränderte

*Niemand wird als Finanzexpertin geboren.*
*Ich bin das beste Beispiel dafür.*

Geld allein macht nicht glücklich. Doch Geld schafft Möglichkeiten. Geld löst Probleme. Geld gibt dir die Freiheit, zu sein, wer du sein möchtest. Aus all diesen Gründen freue ich mich, dass du zu meinem Buch gegriffen hast. Es ist der erste Schritt auf deinem Weg in die finanzielle Unabhängigkeit.

## Mein ständiger Begleiter seit der Kindheit: Geldmangel

Ich weiß sehr genau, wovon ich rede. Ich bin im Geldmangel aufgewachsen. Meine Eltern liebten meinen Bruder, meine Schwester und mich sehr. Sie taten alles für uns. Sie verließen ihre Heimatstadt Baku (Aserbaidschan), als dort 1989 ein Krieg ausbrach und wir als Armenier nicht mehr sicher waren. Mit drei kleinen Kindern fingen sie in den nächsten Jahren dreimal neu an: in Armenien, wo wir mit Russisch als Muttersprache nicht willkommen waren; in Russland, wo es uns nicht besser erging; schließlich in Deutschland, wo sie das erste Mal das Gefühl hatten, uns eine gute Zukunft bieten zu können. Doch Geld war immer knapp. Wie in vielen Familien stand bei zahlreichen Entscheidungen eine Frage im Vordergrund: Können wir uns das überhaupt leisten? Ich lernte früh: Geld schafft Möglichkeiten und löst Probleme.

Meine Eltern arbeiteten fleißig, doch wohlhabend wurden sie nicht. Fast alle Schwierigkeiten, mit denen sie zeitlebens kämpften, hätten sich mit genügend Geld in Luft aufgelöst. Ich springe ein Vierteljahrhundert. Dass ich als Kind Geflüchteter einmal ein beträchtliches Aktiendepot besitzen und finanziell frei sein würde, hätte ich mir beim Start ins Berufsleben nicht träumen lassen. Wie viele andere Mädchen strengte ich mich in der Schule an. Ich machte eine gute Ausbildung und wurde Lehrerin. Reich wird man so nicht. Im Gegenteil: Als mein Mann nach einem späten Studium und ich als Beamtin im Schuldienst endlich nicht mehr jeden Cent fünf Mal umdrehen mussten, gaben wir unsere Gehälter mit vollen Händen aus. Dabei ging es nicht um außergewöhnlichen Luxus. Inzwischen hatten wir zwei Kinder, denen wir ein gutes Leben bieten wollten. Wir wünschten uns das, was sich die meisten Menschen wünschen: Ein Haus. Ein Auto. Modische Kleidung. Schöne Urlaubsreisen. Wir arbeiteten hart, um all das zu ermöglichen. Geld gibt dir die Freiheit zu sein, wer du sein möchtest.

## Kehrtwende in der Karibik: »Und in was investiert ihr so?«

Das Ganze hatte nur einen Haken: Am Ende des Monats war unser Geld ausgegeben, bis auf einen kümmerlichen Rest. Den sparten wir für die nächste größere Anschaffung. Gedanken an miese Renten oder unvorhersehbare Schicksalsschläge verdrängten wir. Die anderen machten es doch auch so, und schließlich gehörten wir jetzt zu den Gutverdienern. Ausgerechnet eine Reise, für die wir unser Konto plündern mussten, sollte uns vor einem späteren bösen Erwachen bewahren. Wir hatten uns einen langjährigen Traum verwirklicht und eine Kreuzfahrt in der Karibik gebucht. Es war tatsächlich traumhaft. Wir besuchten mit unseren Kindern paradiesische Inseln, genossen Palmen, Strand und das Verwöhnprogramm an Bord. Nach einigen Tagen freundeten wir uns mit einem Unternehmerehepaar an, etwas jünger als wir und offensichtlich sehr wohlhabend. Wir redeten über alles Mögliche. Eines Abends beim Essen fragten sie uns: »Und in was investiert ihr so?«

Ich verschluckte mich fast an meinem Drink: Was meinten die? In meinem Kopf ratterte es ergebnislos. Als die Gesprächspause sich dehnte, platzte ich schließlich stolz heraus: »Wir haben ein Haus!« »Ja, schön«, sagte mein Gegenüber und klang dabei schon ein wenig ungeduldig, »aber ein eigenes Haus ist doch keine Investition.« Heute weiß ich, was er meinte: Eine selbstgenutzte Immobilie ist in den ersten 20 bis 25 Jahren vor allem eine Verbindlichkeit, da sie Kreditraten und andere laufende Kosten mit sich bringt. Erst langfristig und nur, wenn sie im Wert steigt, zahlt eine Immobilie sich aus, während andere Investitionen schon vorher Erträge abwerfen.

»Wie, Ihr habt noch nicht einmal Aktien?!« Meine neue Freundin machte große Augen. Mir war das entsetzlich peinlich. Hier saß ich, Lehrerin mit jahrelanger Ausbildung, und hatte ganz offensichtlich keine Ahnung, wie man richtig mit Geld umgeht.

Unsere neuen Freunde nahmen es gelassen. Sie erzählten uns, wie sie mit Aktien und anderen Anlagen langsam, aber sicher ein Vermögen aufgebaut hatten. Anders als wir angenommen hatten, stammten sie nicht aus reichen Verhältnissen. Wie wir hatten sie hart gearbeitet, doch anders als wir legten sie einen beträchtlichen Teil des Geldes an, in ETFs und Einzelaktien, vermieteten Immobilien (»Wegen des Hebeleffekts!«). »Und einen kleinen Teil in Kryptowährungen – no risk, no fun!«, erfuhren wir. Uns schwirrten die Köpfe. Die Traumreise, in die wir unsere Ersparnisse gesteckt hatten, finanzierten unsere Freunde aus einem Teil der jährlich erwirtschafteten Rendite, »und den Rest investieren wir natürlich wieder«. Wer sich heute noch auf die gesetzliche Rente verlasse, sei naiv, so ihre These. Ich musste an eine ältere Kollegin im Lehrerzimmer denken, die kurz vor der Pensionierung stand und erst da schockiert erfahren hatte, wie klein ihre Pension aufgrund von Kindererziehungszeiten und reduzierter Stundenzahl sein würde. Frauen, die eine gesetzliche Rente beziehen, geht es da nicht besser, im Gegenteil. Die jährliche Renteninformation, die sie (anders als Beamtinnen) erhalten, müsste sie eigentlich in Panik versetzen. Die Durchschnittsbruttorente von Frauen betrug 2023 in den alten Bundesländern gerade einmal 840 Euro, in den neuen Bundesländern waren es 1 208 Euro.[1] Das reicht in manchen Gegenden nicht einmal mehr für die Miete. Doch wir Menschen sind super im Verdrängen.

## Durchbrich den Teufelskreis – investiere dich frei!

Uns hatten die Urlaubsfreunde aus unserer seligen Ahnungslosigkeit gerissen. Verdrängen war nicht mehr möglich. Du kennst das vielleicht: Schwangere sehen urplötzlich überall andere Schwangere. Ich sah und hörte plötzlich permanent Stichworte wie »Altersarmut«, »Niedrigzins«, »Rentenlücke«. Als Lehrerin bin ich es gewöhnt, mich in neue Themen einzuarbeiten. In den nächsten Monaten hörte ich Finanzpodcasts, besuchte Seminare, las Bücher. Ich war wie besessen. Ich begriff, dass ich anders mit Geld umgehen musste. Und ich begriff, dass nicht der Mangel an Möglichkeiten, sondern der Mangel an Finanzbildung viele Menschen in finanzieller Abhängigkeit hält. Diese Ahnungslosigkeit wird in den meisten Familien von Generation zu Generation weitergegeben, begleitet von negativen Glaubenssätzen wie »Aktien sind nur was für Reiche« oder »Die Börse ist viel zu kompliziert, davon verstehe ich nichts.«

Um diesen Teufelskreis zu durchbrechen, braucht es vor allem eins: Wissen. Jede Frau kann sich durch kluge Investments finanziell auf eigene Füße stellen. Es lohnt sich, auch mit überschaubaren Beträgen zu starten. Dank Zins und Zinseszins kommen in einigen Jahren fünfstellige Summen zusammen. Ich musste erst 35 Jahre alt werden, um das zu begreifen. Manche Shoppingtour verlor vor diesem Hintergrund ihren Reiz für mich. Das Geld für den siebten oder achten Pulli schien mir in einem ETF (einem börsengehandelten Indexfonds, der zahlreiche Aktien bündelt) oder einer vielversprechenden Aktie nun besser angelegt. In den nächsten Jahren lernte ich stetig dazu. Ich machte Fehler, verlor einige Tausend Euro. Doch mit jedem Monat wurde ich klüger und selbstsicherer. Nach drei Jahren besaß ich ein sechsstelliges Aktiendepot und zusammen mit meinem Mann einige Dutzend Immobilien, die wir vermieten. Ich selbst bin das beste Beispiel dafür, dass jede Frau Vermögen bilden und wohlhabend werden kann. Du musst es nur wollen und mit Mut, Wissen und soliden Investments in Angriff nehmen. Bist du bereit? Dann lass uns loslegen!

*Deine Emilia*

1

# Meine Story: Wenn Geld immer knapp ist

*Je mehr ich über Geld lernte,*
*desto klarer wurde mir: Ich will nicht nur*
*mehr Sicherheit. Ich will frei sein!*

Es ist Winter, der 31.12.1990. Die Welt feiert Silvester. Wir sind einfach nur froh, dass wir noch leben. Wir, das sind meine Eltern, meine beiden Geschwister und ich, armenische Flüchtlinge aus Baku. Ich bin gerade sieben Jahre alt. Immer noch sind wir auf der Suche nach Schutz und einem neuen Zuhause. In unserer Kultur beschenkt man sich zu Silvester. Nur: Was tun, wenn kein Geld da ist? Der Abend bricht herein, draußen ist es bitterkalt, wir sitzen am Tisch. Mama ist eine begnadete Köchin, und so hat sie auch an diesem Abend aus wenig viel gemacht. Denn eins ist klar bei Armeniern: Egal wie schlimm die Situation auch sein mag, auf gutes Essen wird niemals verzichtet. Nach dem Essen holt sie schließlich das Geschenk für uns drei Kinder heraus. Unsere Augen leuchten, wir freuen uns so darüber und sind glücklich. Willst du wissen, was das Geschenk war? Ein Snickers-Riegel. Geteilt in drei gleich große Stücke. »Ein echtes Snickers«, denke ich, »wie aus der Werbung!«

## Dein Umfeld entscheidet über deinen Kontostand

Armut wird vererbt, heißt es. Das hat mit Bildungschancen zu tun, mit beengten Wohnverhältnissen, familiären Konflikten, aber auch mit Barrieren im Kopf. Aus Lebensumständen entstehen Glaubenssätze, die uns vorgeben, was uns zusteht, was möglich ist, und was nicht. Die uns an uns selbst zweifeln lassen und uns in unserem Handeln begrenzen. Meine Eltern waren gut ausgebildet, mein Vater als Ingenieur, meine Mutter als Krankenschwester. Sie fanden in Deutschland schnell Arbeit und hofften darauf, dass sich durch Fleiß und jahrzehntelange Treue zum Arbeitgeber irgendwann auch der Wohlstand einstellen würde. Doch das Geld blieb knapp. Später im Studium und im Lehrerzimmer, in einem typischen Mittelschichtsumfeld also, war ich dann von Menschen umgeben, die überzeugt waren: Mit Arbeit wird man nicht reich, und daran lässt sich nichts ändern. Auch zwei Studienfreundinnen aus wohlhabenden Verhältnissen konnten mir nicht sagen, wie man Vermögen aufbaut, weil sie es selbst nicht gelernt hatten. Ich kannte also niemanden, der sein finanzielles Schicksal in die eigenen Hände genommen und eigenständig Vermögen gebildet hatte. Wie ist das bei dir? Dass du zu diesem Buch gegriffen hast, lässt mich hoffen, dass du bereit bist, all dein Potenzial zu entdecken und das Gegenteil zu beweisen, ganz gleich, welchen familiären Hintergrund du mitbringst.

Zurück zu meiner Geschichte. Warum kamen wir überhaupt nach Deutschland? Als der Krieg zwischen Armenien und Aserbaidschan 1989 Baku, die Hauptstadt Aserbaidschans, erreichte, waren wir als Armenier dort nicht mehr sicher. Nachbarn wurden über Nacht zu Feinden. Wir bekamen Todesdrohungen per Telefon: »Seid Ihr immer noch da?!« Meine Eltern flohen schließlich mit drei kleinen Kindern aus ihrem Heimatland, in dem sie nun zu einer unerwünschten Minderheit gehörten. Über Zwischenstopps in anderen Ländern erreichten wir Ende 1990 Deutschland. Ohne Sprachkenntnisse, ohne eine Ahnung, wie es weitergehen sollte. Aber davon ließen sich meine Eltern nicht unterkriegen. Sie lernten die Sprache und suchten schnellstmöglich Arbeit, um uns zu versorgen. Sie fingen buchstäblich bei Null an. Meine Eltern wollten, dass es uns Kindern an nichts fehlte und dass wir uns gegenüber unseren Freunden nicht benachteiligt fühlten. Doch es kostete sie große Anstrengungen, unsere Wünsche zu erfüllen, auch wenn diese Wünsche eher bescheiden waren – ein Paar Sneaker, ein Kinobesuch, die Teilnahme an der Klassenfahrt. Dass Geldmangel ein ständiger Begleiter war, bekam ich als Kind auf diese Weise schon früh mit. In vielen anderen Familien kommt es sogar regelmäßig zum Streit ums Geld. Dabei braucht es nicht einmal ein besonders karges Einkommen, um sich über Finanzen in die Haare zu bekommen. Nach einer Umfrage der nobleren Vermittlung »ElitePartner« unter 4000 Paaren zählen Geldfragen zu den häufigsten Streitgründen.[2] Geld ist immer ein Thema, ob wir möchten oder nicht. »*The best things in life are free*«, heißt es zwar, und da ist sicher etwas dran. Doch der ganze große »Rest« kostet eben Geld und will bezahlt werden.

Schon damals keimte in mir der Wunsch, finanziell frei zu sein. Seit meinem 15. Lebensjahr arbeitete ich neben der Schule, und auch meine Geschwister hatten immer Jobs, um etwas zum Familieneinkommen beizutragen. Ich beschloss außerdem, all meine Energie in meine Ausbildung zu stecken. Wenn ich eines aus den Lebensumständen meiner Eltern lernte, dann war es die Erkenntnis, dass mir nur mehr Geld ein sorgenfreies Leben ermöglichen würde. Ich wollte nie wieder darüber streiten müssen, ob eine neue Jeans wirklich nötig war. Ich wollte mir und später auch meinen Kindern ein schönes Leben erlauben können. Noch heute bin ich meiner Lehrerin in der Orientierungsstufe dankbar, dass sie meine Eltern ermutigte, mich aufs Gymnasium zu schicken. Sie schrieb vor dem Schulwechsel sogar einen Brief an meine neue Schule und unterstrich, dass ich dort richtig sei, auch wenn mir manchmal noch sprachliche Fehler unterliefen. Ich schaffte das Abitur und studierte Deutsch und Ethik für das Lehramt in Hannover. Meine Eltern platzten vor Stolz, dass ihre Tochter Deutschlehrerin werden würde. Geld blieb währenddessen ein ständiges Thema: Im Studium hatte ich immer Nebenjobs. Unter anderem kellnerte ich in einem gutbürgerlichen Restaurant. Dort lernte ich meinen Mann Christian kennen, der nach einer Ausbildung zum Koch und »Wanderjahren« in verschiedenen Spitzenrestaurants den Betrieb seiner Eltern übernehmen sollte. Ich arbeitete während des Referendariats weiter im Gasthof. Christian reformierte in dieser Zeit das Angebot im Lokal und experimentierte mit einer anspruchsvolleren Speisekarte. Wir heirateten und wurden noch vor meinem Abschlussexamen Eltern einer gesunden Tochter.

Währenddessen lebten wir zu dritt in einer kleinen Dachgeschosswohnung, denn mit einem Referendarinnen- plus einem Kochgehalt war nicht mehr drin. Die finanzielle Wende kam, als ich endlich verbeamtete Lehrerin war und mehr verdiente. Parallel dazu war mein Mann aus dem Restaurant ausgestiegen und hatte sich nach einem dualen Studium in Rekordzeit zum Geschäftsführer eines mittelständischen Unternehmens im Maschinenbau hochgearbeitet. Lange Zeit hatten wir von 1 800 Euro im Monat gelebt. Jetzt standen uns plötzlich gut 10 000 Euro netto monatlich zur Verfügung. Also Ende gut, alles gut und Happy End nach Hollywoodmuster? Leider nein.

## Mit dem Gehalt wachsen die Wünsche

Wir waren um die dreißig und hatten plötzlich richtig viel Geld – mehr als wir uns noch vor wenigen Jahren hätten träumen lassen. Und was geschah? Wir gaben unser Geld mit vollen Händen aus. Unser Sohn war inzwischen auf der Welt, wir brauchten mehr Platz. Also kauften wir ein Haus und liehen uns dafür Geld von der Bank. Wir gönnten uns schöne Kleidung, fuhren in den Urlaub, schafften ein zweites Auto an. Wir wollten unseren Kindern etwas bieten. Unser Kontostand sah am Ende des Monats nicht viel besser aus als in unseren mageren Zeiten. Das Wenige, was wir sparen konnten, floss in den nächsten Konsumwunsch, die nächste Reise, ein neues Auto. Auch unter veränderten Vorzeichen entsprach das unserem Umfeld.

Scheinbar machten es doch alle so: Man nahm einen Immobilienkredit auf, kaufte sich eine Wohnung oder lieber noch ein Haus und achtete darüber hinaus darauf, dass der Kontostand nicht dauerhaft in die Miesen rutschte. Das Geld floss am Monatsanfang herein und bis zum Monatsende wieder heraus. Kommt dir das bekannt vor?

Nach außen hin hatten wir es geschafft. Unser Lebensstandard entsprach dem der meisten gut verdienenden Akademiker. Den Gedanken an niedrige Renten und nötige Vorsorge für das Alter oder unvorhergesehene Schicksalsschläge verdrängten wir. Heute würde ich sagen: Wir hatten Nachholbedarf. Es tat einfach gut, sich endlich etwas zu gönnen und nicht bei jeder Ausgabe zu rechnen, ob wir uns das überhaupt leisten konnten. Auch gab es in unserem Umfeld niemanden, der unser Lebensmodell hinterfragt und uns zum Beispiel erklärt hätte, dass die Leasingrate für ein schickes Auto besser in einem Aktienfonds angelegt wäre. Nur mal als Beispielrechnung:

Nehmen wir an, du würdest die 500 Euro monatlichen Kosten deines Traumautos (für Leasingraten, Kaskoversicherung, Reparaturen usw.) 15 Jahre lang monatlich in einen ETF (Indexfonds) einzahlen. Statt ein neues großes Auto nach dem anderen zu leasen, hältst du dich an günstige Gebrauchtwagen. Selbst bei einer vergleichsweise bescheidenen Verzinsung von acht Prozent könntest du dich in 15 Jahren über ein Vermögen von fast 170 000 Euro freuen, genauer gesagt 169 972,23 Euro. Ziehst du davon 50 000 Euro Kosten für das Fahren von gebrauchten Kleinwagen für 15 Jahre ab, bleiben dir immer noch 120 000 Euro Vermögen. Damit rücken Themen wie Altersarmut und Rentenlücke, mit denen wir uns im nächsten Kapitel beschäftigen werden, schon ein ganzes Stück in die Ferne. Durch eine einzige Maßnahme! Die meisten Menschen können das erst einmal kaum glauben. Schließlich hättest du mit 500 Euro monatlich über 15 Jahre nicht mehr als 90 000 Euro eingezahlt. Dass diese sich im Laufe der Zeit fast verdoppeln, hängt mit dem Zinseszins zusammen: Je mehr Geld du eingezahlt hat, desto größer wird die Summe, auf die du Zinsen erhältst. Du bekommst also Zinsen auf die Zinsen und dein Vermögen wächst schneller und immer schneller.

Das ist der Zinseszinseffekt. Rechne gern selbst nach – einen Zinseszinsrechner findest du im Internet.

Um es gleich vorweg zu sagen: Mit acht Prozent Rendite gebe ich mich nicht zufrieden. In diesem Buch werde ich dir Wege zeigen, wie du langfristig eine höhere Verzinsung – über zehn und bis zu 15 Prozent – erreichen kannst. Dabei geht es nicht darum, »über Nacht« reich zu werden. Wer dir das verspricht, dem solltest du mit Misstrauen begegnen. Es geht vielmehr darum, sein Geld konsequent und klug zu vermehren. Persönlich bin ich ein großer Fan von Einzelaktien, die mehr Risiko bergen, aber auch höhere Gewinne ermöglichen. Aber selbst, wenn du weniger risikofreudig bist und keine Zeit oder auch keine Lust hast, dich intensiv mit den Geschäftsmodellen und Erfolgsaussichten einzelner Unternehmen zu beschäftigen, kannst du durch Investitionen in Indexfonds wie ETFs ein stattliches Vermögen aufbauen. Das Beispiel oben zeigt es.

Damit ahnst du schon, was die Ursache dafür ist, dass viele Menschen – selbst solche mit mittleren oder hohen Einkommen – finanziell auf keinen grünen Zweig kommen: Wir konsumieren, statt zu investieren. Keine Sorge, ich möchte nicht, dass du ab sofort in Sack und Asche gehst und dich durch dein Leben knauserst, nur um am Lebensende wie Dagoberta Duck in Goldtalern zu baden. Ich liebe schöne Kleidung, bis heute. Mein Mann und ich, wir gönnen uns jedes Jahr schöne Reisen. Wir lieben gutes Essen und probieren gern neue Restaurants aus. Unseren Kindern ermöglichen wir Hobbys und Auslandsaufenthalte, von denen wir selbst früher nur träumen konnten (auch wenn sie jobben, um sich weitere Wünsche zu erfüllen und den Wert des Geldes schätzen zu lernen). Doch inzwischen finanzieren wir viele Extras aus der Rendite unserer Geldanlagen, und wir achten darauf, nicht alles zu verbrauchen, sondern einen Teil unserer Einnahmen konsequent anzulegen.

Außerdem habe ich einen interessanten Effekt bemerkt – den »Ich-könnte-wenn-ich-wollte«-Effekt. Als Referendarin bin ich über die Düsseldorfer Königstraße (die »Kö«) flaniert und habe die Luxusartikel in den Schaufenstern sehnsüchtig bestaunt. Es gab offenbar Menschen, die mein damaliges Monatsgehalt und mehr einfach so für eine Handtasche ausgeben konnten. Ich stellte mir das unglaublich toll vor. Heute könnte ich das, wenn ich wollte. Doch merkwürdigerweise hat es seinen Reiz verloren. Meine Freundinnen ziehen mich inzwischen damit auf, dass ich in nur drei Jahren von der Shopping-Queen zur »Börsenqueen« geworden bin. Stimmt, denn heute denke ich: Was soll ich mit einer weiteren Handtasche, wenn ich mit dem Geld eine vielversprechende Aktie kaufen kann (vielleicht sogar die des Luxusmarkenherstellers, der solche Handtaschen anbietet)? Viel lieber habe ich mittelfristig größere finanzielle Spielräume und gönne mir und meiner Familie davon eine schöne Reise. Oder ich finanziere meiner Tochter das High-School-Jahr in den USA bei ihrer Wunschfamilie in Florida, auch wenn das teurer ist als in einer unbekannten Kleinstadt im Nirgendwo. Das eigene Vermögen zu managen, schärft den Blick für sinnvolle und weniger sinnvolle Investments. Und das Geld für einen Luxusartikel ist in meinen Augen eben sinnvoller investiert, wenn ich beispielsweise meiner Tochter ein wundervolles halbes Jahr in den Staaten ermögliche, von dem sie noch viele Jahre schwärmen wird.

Wie wir aus unserem finanziellen Dornröschenschlaf geweckt wurden, habe ich dir schon in der Einleitung erzählt. Auf einer Kreuzfahrt in der Karibik, der ersten richtig teuren Fernreise mit der Familie, fragte uns beim Dinner ein Unternehmerpaar, das wir kennengelernt hatten: »Und in was investiert Ihr so?« Für mich war das ein Moment großer Peinlichkeit, denn ich hatte keine Ahnung, wovon unsere neuen Freunde redeten. Ich muss geschaut haben wie die sprichwörtliche Kuh, wenn es donnert, wie man in meiner niedersächsischen Heimat sagt. Schließlich fiel mir ein: »Wir haben ein Haus!« Das sei doch keine Investition, erfuhr ich, sondern eine Verbindlichkeit. Schließlich koste ein Haus Geld, statt welches einzubringen. Womöglich verliere es über die Jahre sogar an Wert. Ich muss zugeben, im ländlichen Pattensen, wo wir leben, ist das wahrscheinlicher als in Ballungsräumen rund um München oder Frankfurt, auch wenn wir noch im Einzugsgebiet von Hannover wohnen.

Beim Investieren geht es darum, aus Geld mehr Geld zu machen – und zwar so viel mehr, dass die Inflation die Zinsen nicht komplett auffrisst, sondern dass ein gehöriger Batzen übrigbleibt. Der Lieblingsparkplatz für Geld bei unseren Großeltern und Eltern, das klassische Sparbuch, eignet sich dazu nicht. Während ich dies schreibe, im Spätsommer 2025, zahlen viele Banken auf Sparguthaben nicht einmal ein Prozent Zinsen, sondern nur ein halbes. Vor 50 Jahren sah das noch anders aus. Bei einer Verzinsung von 0,7 Prozent würden aus 10 000 Euro Startkapital in fünf Jahren nur etwa 350 Euro mehr, in zehn Jahren beliefen sich die Sparbuchzinsen eines gesamten Jahrzehnts auf etwa 770 Euro.[4] Man muss nicht BWL studiert haben, um zu ahnen, dass die Inflation diese zwergenhaften Zinsen komplett auffrisst. Doch es kommt noch schlimmer. Zwar kann niemand hellsehen und die Inflationsrate der nächsten zehn Jahre voraussagen, doch wenn sich die Entwicklung der letzten zehn Jahre fortsetzt, fällt das Ergebnis schockierend aus. Gemessen an der Kaufkraft waren 10 000 Euro aus dem Jahr 2015 im Jahr 2025 nur noch knapp 7 800 Euro wert (auf den Cent genau 7 760,67 €). Das meiste Geld ausgeben und ein bisschen was aufs Sparbuch tun, das ist einfach eine ganz schlechte Idee. Das ist so, als ob du jemandem vertraust, der sagt, »Gib mir dein Geld, und später gebe ich dir viel weniger zurück!« Bei durchaus erreichbaren Aktienrendite von 15 Prozent sähe das Ergebnis völlig anders aus: Nach fünf Jahren hätte sich das Startkapital mehr als verdoppelt, und nach zehn Jahren mehr als vervierfacht, wie Abbildung 1 zeigt.[5] Dennoch parken viele Menschen ihr Geld auf einem Sparbuch. Das ist rational kaum nachvollziehbar.

Leider ist das den meisten Menschen nicht bewusst. Oder es ist ihnen bewusst und sie flüchten sich in Fatalismus: Was kann man schon dagegen tun? Kurz gesagt: eine ganze Menge! Jede Frau kann ihr finanzielles Schicksal selbst in die Hand nehmen und Vermögen bilden, auch mit überschaubaren Summen. Die Wurzel des Übels ist schlicht Unwissenheit. In Sachen Geldanlage und Vermögensbildung haben viele Menschen einen großen blinden Fleck. Das bedeutet: Wir wissen gar nicht, was wir alles nicht wissen! Die meisten von uns

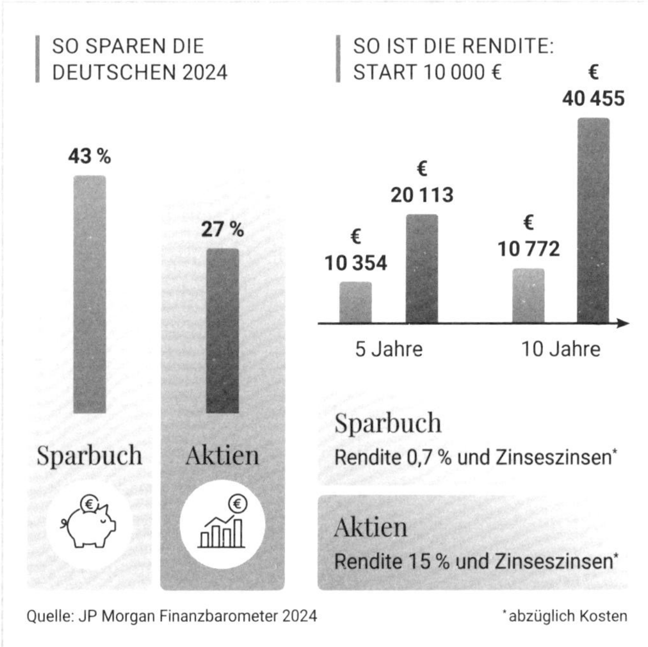


Abb. 1: Zinsen – mögliche Rendite auf dem Sparbuch und an der Börse

sind finanziell ungebildet. Nimm mich als Lehrerin: Bis zu meinem 35. Lebensjahr hatte ich keine Ahnung, dass ich nicht besonders klug mit meinem Geld umging. Eine häufige Ursache liegt auf der Hand: »Was können arme Menschen ihren Kindern über Geld beibringen?«, fragt Robert Kiyosaki, der mit »Rich Dad – Poor Dad« eins meiner absoluten Lieblingsbücher über Finanzfragen geschrieben hat.[6] Auch in der Schule lernen wir kaum etwas über Geldfragen. Nicht selten beschränkt sich der Unterricht dazu auf ein Börsenspiel, das ein Lehrer leitet, der womöglich in seinem ganzen Leben keine einzige Aktie gekauft hat. Inzwischen ist mir sehr bewusst, wie wichtig finanzielle Bildung im Kampf gegen Geldsorgen, Rentenlücke und Altersarmut ist. Als ehemalige Lehrerin freue ich mich deshalb besonders, mit diesem Buch einen Beitrag zu mehr Kompetenz in Geldfragen zu leisten.

## Warum ich lieber Vermögen schaffe, als weiter Beamtin zu sein

Nach 13 Jahren im Schuldienst kündigte ich meinen Beamtenjob und verzichtete damit auf höheren Pensionsanspruch, faktische Unkündbarkeit und Auskommen bis zum Ruhestand. In den Augen vieler Menschen grenzt das an Wahnsinn. Verschärfend kommt hinzu: Wenn du als Beamtin das System verlässt, bist du wirklich raus. Als Angestellte suchst du dir einen neuen Job, wenn der aktuelle dir nicht mehr gefällt. Als Beamtin kannst du nicht einfach wieder bei Vater Staat anklopfen, wenn du dich einmal verabschiedet hast – schon, weil es Altersgrenzen gibt. Und doch fühle ich mich heute als Unternehmerin und Investorin sicherer als im Lehrerinnenberuf mit Pensionsanspruch. Warum das so ist, möchte ich rasch erklären.

Ich war gerne Lehrerin, ein ganzes Jahrzehnt. Angesichts unserer Fluchtgeschichte hatte ich diesen Beruf auch wegen des guten Gehalts und der sicheren Anstellung gewählt, aber nicht nur deswegen. Ich liebte es, jungen Menschen etwas beizubringen. Zehn Jahre lang leitete ich Sprachlernklassen für Kinder aus aller Herren Länder, die mit ihren Eltern geflüchtet waren. Ich baute diesen Bereich an unserer Schule komplett neu auf, entwickelte Lehrmaterial, arbeitete später auch Kolleginnen ein. Diesen Schülern konnte ich auf ihrem Weg in das neue Leben wirklich helfen. Dass ich als Migrantin nun an einer deutschen Schule unterrichtete, gab ihnen zusätzlich Hoffnung. Viele entwickelten sich großartig, und mit manchen stehe ich noch heute in Kontakt. Dann wurden die Klassen kleiner und das Sprachlernprogramm endete. Von nun an unterrichtete ich eine reguläre Klasse – ein völlig anderer Job. In den nächsten drei Jahren wuchs meine Unzufriedenheit. Wollte ich das wirklich bis zur Rente machen? Dann wieder dachte ich: »Ach, das ist nur eine verfrühte Midlife-Crisis. Du spinnst ja.« Aber die Zweifel blieben. In diese Zeit fiel auch das Schlüsselerlebnis auf der Kreuzfahrt, bei dem ein Investment-erfahrenes Unternehmerpaar mit einer simplen Frage unser Interesse für Geldanlagen wachküsste.

Unsere ersten Investments danach waren wenig erfolgreich. Wir machten es wie viele: einfach mal was probieren, gern auf Zuruf von selbsternannten Experten. Von null auf 80 ohne Ahnung, und gleich in Fallen getappt. Einige dieser Investments sollten wir schnell bereuen. Mir wurde klar: Ich muss mehr wissen! Als Lehrerin war ich es gewöhnt, mich in neue Themen einzuarbeiten. In den folgenden Monaten recherchierte und las ich wie besessen, hörte Podcasts und verfolgte Finanzblogs. Das ging so weit, dass mein Mann einmal spätabends heimlich den WLAN-Stecker zog, damit ich endlich ein paar zusätzliche Stunden Schlaf bekam. Als ich beim Frühstück vom mysteriösen Internetausfall erzählte, legte er grinsend ein Geständnis ab. Was mit dem Lesen von Finanzbüchern und dem Hören von Podcasts begann, führte bald zu Seminaren und Coachings von Profis. Dafür nahmen wir richtig Geld in die Hand und investierten im folgenden Jahr deutlich vierstellig. Klingt teuer, doch wenn ich dir nur einen Rat in Sachen Finanzbildung geben kann, dann ist es dieser: Folge nur Ratschlägen von Menschen, die bereits da sind, wo du hinmöchtest. Um Kiyosakis Frage abzuwandeln: Was können »Experten« ohne eigenes Vermögen anderen über erfolgreiche Vermögensbildung beibringen? Echte Experten kosten Geld, aber sie haben auch bewiesen, dass sie wissen, wie es funktioniert.

Während ich tagsüber unterrichtete, brannte ich nachts für meine neue Leidenschaft und haderte weiter mit meinem Beamtenjob. Christian und ich investierten inzwischen erfolgreicher. Wir hatten erste Immobilien gekauft, die wir vermieteten, und positive Erfahrungen mit Indexfonds und einzelnen Aktien gesammelt. Wir hatten verstanden, dass wir uns nicht auf irgendwelche Tippgeber verlassen konnten, sondern selbst Verantwortung für unser Geld übernehmen mussten. Dazu braucht es solides Wissen. Dass ich als Lehrerin nicht mehr glücklich war, tat mein wunderbarer Mann nicht als Spinnerei ab: »Überleg dir in Ruhe, was du stattdessen machen möchtest!« Und dann war es tatsächlich so, wie man es manchmal in Filmen sieht. Ich wachte eines Morgens auf, schaute meinen Mann an und sagte: »Ich weiß genau, was ich mache. Ich werde Aktiencoach für Frauen.«

Und mein Mann antwortete: »Ja, tolle Idee, mach das doch!« In diesem Moment war ich voller Euphorie. Es war, als ob ich das letzte Puzzlestück gefunden hatte. Ich hatte endlich Klarheit und war voller Freude.

Bereut habe ich diese Entscheidung bisher keine Sekunde lang. Dank unserer Investments sind wir finanziell unabhängig und können uns das Leben leisten, das wir uns wünschen. Parallel dazu arbeiten wir aktiv daran, unser Vermögen weiter zu vergrößern. Auch mein Unternehmen »Investiere dich frei« ist stetig gewachsen. Tausende Frauen haben bisher an meinen Aktiencoachings teilgenommen und bilden eine wundervolle Community, die sich gegenseitig stärkt und in verschiedenen Städten auch persönlich trifft. Mit meiner didaktischen Leidenschaft habe ich Seminare und Onlinekurse zu verschiedenen Finanzthemen entwickelt, die all jene Lügen strafen, die Vermögensbildung zum undurchschaubaren Hexenwerk erklären. Aus dem geplanten Aktienmentoring ist inzwischen eine komplette Finanzakademie geworden, in der weitere Expertinnen mitarbeiten und neuerdings sogar ein Börsenhändler, der in das Thema »Trading« (kurzfristiges Handeln an der Börse) einführt. All das gibt mir große Sicherheit, mehr Sicherheit, als mir eine Beamtenpension, deren Höhe ich erst kurz vor dem altersbedingten Ausscheiden erfahren hätte, je hätte geben können. Ich muss mich weder auf den Staat und wackelige Rentenprognosen verlassen noch auf eine Erbschaft oder einen gutverdienenden Ehemann setzen, um das Leben zu führen, das mir vorschwebt. Ich folge meiner Leidenschaft und tue das, was mir Spaß macht. Ich bin unabhängig, ich bin frei, und das ist ein wundervolles Gefühl.

## Aber Geld ist doch nicht alles??!

»Geld ist doch nicht alles!«, das habe ich auch in meinem Umfeld öfter gehört. Wer würde das bestreiten? Geld ersetzt keine Gesundheit, keine glückliche Familie, keine liebevolle Beziehung. Aber Geld macht all das viel einfacher. Geld ermöglicht dir die beste Gesundheitsversorgung, ein entspannteres Familienleben, eine fürsorgliche Beziehung ohne ständige Geldsorgen. Geld ist lediglich ein Mittel zum Zweck, und der Zweck besteht darin, dir genau das Leben zu ermöglichen, das du dir wünschst. Dennoch: Dass ich inzwischen mehr Geld besitze und Vermögensbildung zu meiner Mission gemacht habe, gefällt nicht allen. Es ist noch nicht lange her, dass eine langjährige Freundin mir mit einem Brief die Freundschaft aufkündigte. Zur Begründung schrieb sie, »weil ich deinen Weg nicht mehr mitgehen kann«. Zwischen den Zeilen las ich: »Du denkst ja nur noch ans Geld.«

Das stimmt, und es stimmt auch wieder nicht. Es stimmt, weil ich Finanzwissen zu meinem Beruf gemacht habe. Und es stimmt nicht, weil ich früher, als ich nur mit Mühe finanziell über die Runden kam, mindestens genauso viel an Geld gedacht habe – nur anders, angstvoller. Ich habe an der Supermarktkasse im Kopf überschlagen, was der Wocheneinkauf kosten würde, und ausgerechnet, ob er das Budget womöglich sprengt. Ich habe in der Boutique nicht das Kleid gekauft, dass mir am besten gefiel, sondern das günstigere (oder am besten gar keines). Ich habe bei seltenen Restaurantbesuchen nicht das gegessen, worauf ich Lust hatte, sondern das, was ich mir gerade noch leisten konnte. War ich damals ein besserer Mensch als heute? Wohl kaum. Ich war sicherlich ein anderer Mensch, weniger selbstbewusst, weniger ausgeglichen. In meiner Investiere-dich-frei-Community beobachte ich das auch bei anderen Frauen: Finanzielle Selbstbestimmung stärkt das Selbstbewusstsein und verleiht Selbstvertrauen.

Ich glaube daher nicht, dass Geld den Charakter verdirbt. Es verstärkt ihn allenfalls. Wer mitfühlend ist, wird das auch mit mehr Geld bleiben. Und wer als wohlhabender Mensch hartherzig handelt, täte das vermutlich auch als ärmerer Mensch. Es ist ein Irrtum, dass reiche Menschen ständig an Geld denken. Das müssen sie nicht. Sie haben es einfach. Wer dagegen kein oder wenig Geld hat, wird fast permanent über Geld nachdenken, einfach weil er sich jede Ausgabe zweimal überlegen muss. Geld gibt dir Freiheit, und dazu gehört auch die Freiheit, Gutes zu tun. Ohne Geld bist du in einem Kopfkino gefangen, in dem immer derselbe Film läuft mit dem Titel: Reicht das Geld? Dieses Buch soll dich davor bewahren. Und selbst, wenn du heute als Gutverdienerin sorglos sein kannst, ist das eine trügerische Sicherheit. Es kann sein, dass du dir als Rentnerin jeden Cafébesuch zweimal überlegen musst, wenn du nicht vorsorgst. Warum das so ist, zeige ich dir im nächsten Kapitel.

Ein letzter Punkt, der mir wichtig ist, weil ich es selbst durchlebt habe: Ohne Geld ist das Leben anstrengender. Es war nicht immer schön, neben dem Referendariat abends noch zu kellnern, und es war erst recht anstrengend, das gleich nach der Geburt unserer Tochter weiter tun zu müssen. Zum Stillen brachte meine Mutter mir die Kleine ins Restaurant und ich zog mich kurz in einen Nebenraum zurück. Ich bin stolz, all das bewältigt zu haben, aber wenn ich die Wahl gehabt hätte, hätte ich es anders gehandhabt. Geld gibt dir die Wahl. Die Wahl, eine Auszeit zu nehmen, wenn du sie brauchst. Die Wahl, den Job zu wechseln, ohne Angst davor, was passiert, wenn das schiefgeht. Die Wahl, dahin zu reisen, wovon du schon als Kind geträumt hast. Und die Wahl, das teuerste Gericht auf der Karte zu bestellen, wenn du das gerne probieren möchtest.

Dass viele Menschen Geldfragen trotzdem abwehrend oder mit Misstrauen begegnen, hat seine Gründe. In kaum einem Lebensbereich sind wir so sehr von tradierten Glaubenssätzen und familiären Vorbildern geprägt wie beim Umgang mit Geld. Im nächsten Kapitel werden wir uns daher verbreitete Glaubenssätze näher anschauen, die viele Frauen ausbremsen auf ihrem Weg in die finanzielle Unabhängigkeit. Niemand kann dir vorschreiben, wie viel Zeit du der Beschäftigung mit der Bildung deines Vermögens einräumen solltest oder wo deine persönlichen finanziellen Ziele liegen. Du solltest dir aber auch nicht vorschreiben lassen, im Käfig unhinterfragter Ängste und Überzeugungen zu verharren. Schau, was machbar ist, und entscheide dann, was das Richtige für dich ist!

## Meine Kernbotschaften

- Geld ist kein Selbstzweck. Geld ist die Fahrkarte in deine persönliche Freiheit. Es gibt dir die Möglichkeit, das Leben zu führen, das du dir erträumst.
- Nicht dein Umfeld bestimmt, ob du erfolgreich investieren kannst, sondern dein Wissen über Finanzen.
- Beim Investieren geht es darum, aus Geld mehr Geld zu machen und zu verhindern, dass dein Vermögen stagniert oder durch die Inflation sogar schrumpft.
- Mit dem Gehalt steigen häufig die Konsumwünsche. Das frisst den Geldzuwachs auf. Investierst du dagegen einen Teil, erreichst du auf Dauer beides: finanzielle Sicherheit und mehr Spielraum für deine Wünsche.
- Lass dir nicht einreden, dass Geld den Charakter verdirbt. Wenn du finanziell selbstbestimmt handelst, besteht allerdings die »Gefahr«, dass du selbstbewusster und gelassener durchs Leben gehst! 😉

2

# Frau & Finanzen: Töte den Drachen und lebe sorgenfrei!

*Investieren ist riskant. Noch riskanter ist es, nichts zu tun – oder sich blind auf andere zu verlassen.*

Montagmorgen. Mein Rechner fährt hoch. Die erste E-Mail des Tages hat einen dramatischen Betreff: »HILFE!« Sie kommt von einer neuen Teilnehmerin in meinem Aktien-Mentoring. Ihr Ton? Verzweifelt. Ihre Geschichte? Leider kein Einzelfall. Die Mentee schreibt:

*»Liebe Emilia, seit 2013 zahle ich jeden Monat für meine beiden Töchter jeweils 100 Euro per Sparplan in einen gemanagten Fonds ein. Zusätzlich habe ich für jede von ihnen zwischendurch Sonderzahlungen in Höhe von 15 000 Euro geleistet. Das macht insgesamt 36 000 Euro pro Kind. Am Freitag habe ich Kontoauszüge bekommen und bin fast vom Stuhl gefallen. Jeder der beiden Auszüge zeigte einen Kontostand von minus 500 Euro. MINUS! Ich kann es nicht fassen. Der Bankberater hat nur die Achseln gezuckt und gesagt, das sei halt Pech.«*

Unglaublich, aber leider wahr. Ein Teil des Geldes hat sich in Luft aufgelöst, während der Angestellte der Bank für das Produkt auch noch Provision kassiert hat. Ist das nicht absurd? Diese Frau hat voller Vertrauen gespart – über ein Jahrzehnt lang. Sie hat das Beste für ihre Kinder gewollt, und nun das. Beim Lesen dieser E-Mail merke ich, wie die Wut in mir hochkocht. Das ist nicht fair und es lässt sich verhindern: Gib deine Finanzen nicht ab, nimm die Dinge selbst in die Hand!

## Wir Frauen können alles, auch Finanzen!

Wenn eine Frau aus Lebensmitteln ein Gericht zaubern kann, aus einem Haus ein Zuhause machen kann und aus wenigen Zellen ein Kind entstehen lässt – dann warte mal ab, was sie mit Wissen über Geld macht! Sie wird es, wie alles andere auch, vermehren und groß werden lassen. Das ist meine tiefste Überzeugung. Die Frauen, mit denen ich arbeite, und viele andere beweisen es jeden Tag. Was ist dann im Beispiel oben schiefgelaufen? Ganz einfach: Bankberater sind in Wahrheit Verkäufer, die die Produktpalette ihres Arbeitgebers anbieten und für erfolgreiche Abschlüsse in der Regel eine Provision erhalten. Das ist eigentlich ein offenes Geheimnis. Die Bankenaufsicht BaFin kritisiert dabei immer mal wieder die Praktiken einzelner Häuser und hat aufgrund von »Mystery Shoppings« (also verdeckten Testberatungen) 2023 bemängelt, dass die Kosten eines Finanzprodukts den Kunden in zwei Dritteln aller Fällen nicht schriftlich vorgelegt wurden. Dabei ist dies seit 2018 gesetzlich vorgeschrieben.[7] Dem sympathischen Bankangestellten einfach zu glauben, wenn er ein Produkt empfiehlt, ist daher riskant. Warum tun es dennoch so viele Menschen? Aus Bequemlichkeit vielleicht, vor allem aber, weil sie es nicht besser wissen und sich selbst nicht zutrauen, ihre Finanzen selbst zu managen.

Uns Frauen stecken da noch alte Rollenmuster in den Knochen. Wenn du über 50 bist, durfte deine Mutter ohne Zustimmung ihres Mannes kein eigenes Konto eröffnen. Bist du jünger, trifft das zumindest noch auf deine Großmutter zu, denn erst ab 1962 konnten Ehefrauen in der Bundesrepublik eigenständig über eine Kontoeröffnung entscheiden. Geschäftsfähig wurden verheiratete Frauen erst 1969, und noch bis 1958 ging ihr Vermögen mit der Heirat automatisch in die Hände des Mannes über. Die DDR war in diesem Punkt etwas fortschrittlicher und nahm das »Letztentscheidungsrecht« des Ehemanns über Wohnort, Kindererziehung und Finanzen bei Staatsgründung 1949 nicht in ihren Gesetzeskatalog auf.[8] Das alles hört sich an wie Steinzeit, ist aber noch gar nicht so lange her. Viele

Frauen sind also in Familien aufgewachsen, in denen Finanzen reine Männersache waren. Das prägt. Warum viele Männer kein Interesse daran hatten, dass sich das ändert, muss ich hier nicht erklären, oder? Dabei ist es absoluter Unsinn, dass Frauen nicht mit Geld umgehen können. In vielen Familien managen sie nicht nur die monatlichen Ausgaben und Anschaffungen, auch als Investorinnen sind sie nachweislich erfolgreicher als Männer. So beruft sich die Schweizer Bank UBS 2022 auf eine Studie der Warwick Business School, nach der Frauen im Vergleich zu Männern eine 1,8 Prozent höhere Rendite erwirtschaften. Die Ing DiBa nennt für 2023 eine um 0,5 Prozentpunkte bessere Portfolio-Performance der Frauen im Vergleich zu Männern.[9] Andere Banken kommen zu ähnlichen Ergebnissen. Als Begründung nennen Studien, Frauen handelten bedachter, recherchierten besser und überschätzten sich seltener. Auch die Chefin der Europäischen Zentralbank (EZB), Christine Lagarde, ist zu diesem Schluss gekommen. »Wären die Lehman Brothers Lehman Sisters gewesen, sähe die Welt heute anders aus«, sagte sie wiederholt mit Blick auf die 2008 in den Untergang gezockte Privatbank.[10] Also Mädels: Ran an die Aktien! Es gibt keinen sachlichen Grund dafür, dass Frauen sich seltener an Aktien, Aktienfonds und ETFs herantrauen als Männer. In Deutschland waren 2024 nach Erhebungen des Deutschen Aktieninstituts 7,7 Millionen Männer in Aktien investiert, aber nur 4,4 Millionen Frauen.[11] Junge Frauen holen langsam auf, aber auch da ist noch Luft nach oben.

Je früher du anfängst mit dem Investieren, desto einfacher ist es, ein Vermögen aufzubauen. Jeder Tag, den du zögerst, ist ein verlorener Tag für deine Rendite. Was uns Frauen hindert, aktiv zu werden, ist nicht Unvermögen, es sind unsere Glaubenssätze und Ängste. Stell dir vor, du stehst vor einer Tür. Dahinter liegt alles, was du dir wünschst: Fülle, finanzielle Unabhängigkeit, Freiheit, das gute Gefühl, dass dein Geld für dich arbeitet. Aber direkt vor dieser Tür sitzt er – dein Drache. Groß, furchteinflößend, mit funkelnden Augen. Er kennt dich gut. Er weiß genau, welche Worte dich zurückhalten. Er beugt sich vor, schaut dich an und zischt: »Börse? Viel zu riskant! Du verlierst doch eh alles.« Hast du nur begrenzte Mittel, faucht er: »Investieren ist nur was für Reiche. Dafür hast du doch gar nicht genug Geld.« Oder er hebt arrogant die Nüstern und grollt: »Du? Du bist doch viel zu alt.« Weil dieser Drache schon immer da war, glaubst du ihm. Du hörst auf, dich mit dem Thema zu beschäftigen. Drehst um. Verschiebst die Entscheidung auf später. Aber mal ehrlich: Wer hat diesen Drachen eigentlich erschaffen? Deine Eltern, die selbst nicht gut mit Geld umgegangen sind? Die Gesellschaft, die Frauen über Jahrzehnte eingeredet hat, dass Geld nicht ihr Thema ist? Oder du selbst, weil du beim ersten schlecht vorbereiteten Versuch »Lehrgeld« bezahlt hast? Ganz egal, wo er herkommt – dieser Drache ist ein Trugbild. Er ist wie eine App in deinem Kopf, die du irgendwann runtergeladen hast. Eine App voller Bugs, die dich davon abhält, finanziell durchzustarten. Dabei hast du selbst die Wahl: Lässt du den Drachen weiter über dein Leben bestimmen – oder löschst du ihn aus deinem Kopf? Finanzielle Freiheit beginnt nicht mit dem Kauf der ersten Aktie. Sie beginnt in deinem Kopf! Und aus diesem Grund werfen wir einen Blick auf gängige Glaubenssätze zum Thema Geld. Die Mission dabei: Kill the Dragon![12]

Welche Botschaften flüstert dein Drache dir ein? Viele Glaubenssätze sind uns nicht bewusst, weil wir sie durch Sprüche in der Familie oder durch Vorbilder schon als Kinder verinnerlicht haben. Wir hinterfragen sie nicht. So steuern sie unsere Gedanken und Gefühle wie ein heimliches Navi und lenken damit unsere Entscheidungen. Nimm dir einen Moment Zeit und kreuze an, bei welchen der folgenden Statements du spontan denkst, »Ja, stimmt!«

## Gängige Glaubenssätze zum Thema Geld

*Stimmt's?*

- Geld verdirbt den Charakter. ☐
- Geld allein macht auch nicht glücklich. ☐
- Wenn Geld anlegen so einfach wäre, würde es ja jede machen. ☐
- Wer viel Geld hat, hat wahrscheinlich Dreck am Stecken. ☐
- Mit ehrlicher Arbeit wirst du nicht reich. ☐
- Lieber arm und glücklich als reich und unglücklich. ☐
- Geld schafft Neider. ☐
- Das letzte Hemd hat keine Taschen. ☐
- Mit Geldangelegenheiten kenne ich mich nicht aus. ☐
- Eher geht ein Kamel durch ein Nadelöhr, als dass ein Reicher in den Himmel kommt. ☐
- Für Aktiengeschäfte habe ich keine Zeit. ☐
- Ich war schon immer schlecht in Mathe, was soll ich da an der Börse? ☐
- Geld ist nicht alles. ☐
- Reichtum ist ungerecht und geht auf Kosten der Armen. ☐
- Geld anlegen ist nur was für Profis. ☐
- Ich habe nicht die Zeit, um mich auch noch um Aktien zu kümmern. ☐
- Reichsein macht einsam. ☐
- Ich habe, was ich brauche. Ich komme schon klar. ☐
- ........................................................................... ☐
- ........................................................................... ☐
- ........................................................................... ☐

Habe ich etwas vergessen? Was ist dir sonst noch in den Sinn gekommen? Trage deine Sätze am Ende der Liste ein.

Mit etwas Abstand wirst du feststellen, dass die meisten Dracheneinflüsterungen einem der drei Muster folgen:

1. Reiche sind schlechte Menschen.
2. Geld ist nicht wichtig.
3. Geld anzulegen, ist kompliziert.

Mal ehrlich: Glaubst du das wirklich? Dass wohlhabende Menschen automatisch einen schlechten Charakter haben – und Arme im Umkehrschluss Engel sind? Mir fallen da spontan Gegenbeispiele zu beiden Kategorien ein. Oder glaubst du, dass Geld tatsächlich zweitrangig ist? Dann könntest du auch wie Diogenes glücklich in einer Holztonne leben. Und zu drittens: »Schwierig« sind Geldfragen nur, solange du dich nicht näher damit beschäftigst. Am Ende dieses Buches wirst du das anders sehen.

Glaubenssätze als unvernünftig zu erkennen, das ist das eine. Sich ihrem Einfluss tatsächlich zu entziehen, ist etwas anderes. Bestimmte Haltungen stecken uns tief in den Knochen, man legt sie nicht einfach ab wie einen alten Mantel. Am ehesten wirst du sie los, indem du sie mit neuen, positiven Geldsätzen überschreibst.

- Statt »Reichtum macht einsam« könntest du z.B. denken »Geld verbindet erfolgreiche Menschen.«
- »Das letzte Hemd hat keine Taschen« könntest du verwandeln zu »Geld gibt mir die Möglichkeit, mein Leben so zu leben, wie ich möchte.«
- »Mit Geldangelegenheiten kenne ich mich nicht aus« verliert an Macht, wenn du erkennst, »Ich habe schon so viel gelernt – jetzt lerne ich Schritt für Schritt, mein Geld klug anzulegen!«

Schreibe deine neuen Glaubensätze auf und verwahre sie dort, wo du sie täglich siehst und dir bewusst ins Gedächtnis rufst – als Post-it am Badezimmerspiegel beispielsweise oder als Startbildschirm auf deinem Smartphone. Wenn du Lust hast, dein Denken und Handeln spielerisch auf finanziellen Erfolg zu lenken, kannst du auch die folgende Übung machen.

## Übung: Ein Kartenset voller Taten!

Schneide aus Bastelkarton 30 Karten in Spielkartengröße aus oder kauf ein Karteikartenset ähnlicher Größe. Schreibe deine neuen geldfreundlichen Glaubenssätze jeweils auf eine Karte und notiere weitere positive Affirmationen wie die im Folgenden aufgelisteten. Ziehe dann täglich für die nächsten 30 Tage gleich am Morgen eine Karte. Was du dort liest, ist deine Aufgabe für diesen Tag: Wie kannst du den Satz, der dort steht, wahr machen? Dabei zählen auch kleine Schritte. Liest du etwa »Je mehr ich lerne, desto mehr wächst mein Vermögen«, kann das z. B. bedeuten, dass du dich heute mit einem Thema beschäftigst, welches du schon lange angehen wolltest, oder dass du dich endlich entschließt, etwas Gelerntes in die Tat umzusetzen. Abends notierst du auf der Rückseite der Karte, was du unternommen hast.

PS: Ist dir diese 30-Tage-Challenge zu schnell, kannst du dir auch mehr Zeit nehmen und z. B. eine 60-Tage-Challenge daraus machen.

**Positive Affirmationen zum Thema Geld:**

- Ich bin offen für neue finanzielle Möglichkeiten.
- Ich verdiene es, finanziellen Wohlstand zu haben.
- Geld fließt mühelos in mein Leben.
- Ich habe eine positive und gesunde Beziehung zu Geld.
- Je mehr ich gebe, desto mehr erhalte ich.
- Meine finanziellen Ziele werden leicht und schnell erreicht.
- Ich verdiene es, reich belohnt zu werden.
- Geld gibt mir die Freiheit, das Leben zu genießen.
- Ich nutze mein Geld weise und investiere klug.
- Finanzieller Erfolg gehört zu meinem Leben.
- Ich habe immer genug Geld, um meine Bedürfnisse zu decken.

- Ich bin verantwortlich für meinen finanziellen Wohlstand.
- Geld ermöglicht es mir, mein bestes Leben zu führen.
- Je mehr ich lerne, desto mehr wächst mein Vermögen.
- Ich bin dankbar für den Wohlstand, den ich besitze.
- Geld gibt mir die Möglichkeit, Gutes zu tun.
- Geld ist ein Werkzeug, das mir dient.
- Ich bin in der Lage, mein Vermögen kontinuierlich zu vergrößern.
- Geld kommt aus unerwarteten Quellen zu mir.
- Ich bin finanziell frei und unabhängig.
- Meine Fähigkeiten und Talente ziehen Reichtum an.
- Ich habe die Fähigkeit, Geld in allen Bereichen meines Lebens zu vermehren.
- Ich bin ein Magnet für Fülle und Wohlstand.
- Geld ist eine Ressource, die ich klug nutze.
- Mein Einkommen wächst stetig und kontinuierlich.
- Ich ziehe finanzielle Möglichkeiten mit Leichtigkeit an.
- Ich vertraue dem Universum, dass es mir immer genug Geld sendet.

- ……………………………………………………………………
- ……………………………………………………………………
- ……………………………………………………………………

Eher nüchterne Naturen spötteln manchmal über solche Übungen: Was soll das schon bringen? Das will ich dir gern sagen: Es verändert den Fokus deiner Gedanken. Es lenkt deine Aufmerksamkeit auf Möglichkeiten statt auf Hindernisse. Denn wenn wir unsere Gedanken nicht bewusst steuern, folgen sie den immergleichen eingefahrenen Gleisen – und die können uns zu mehr Vermögen führen oder (viel häufiger) weg davon.

## Oft gehört, oft verdrängt: Die Rentenlücke

»Emilia, du brennst ja förmlich für dein Thema«, höre ich häufig, und das stimmt. Ich kann und will mich einfach nicht damit abfinden, dass Frauen, die in ihrem Leben so viel leisten und bewegen, in finanzieller Abhängigkeit leben. Besonders dramatisch ist es, wenn sie am Ende nicht wissen, wie sie mit ihrer mageren Rente auskommen sollen. Altersarmut ist weiblich, wie die Zahlen belegen, und das liegt vielfach an der Rentenlücke, von der du sicher auch schon gehört hast. Mit Rentenlücke ist die Differenz zwischen deinem letzten Nettoeinkommen und deiner voraussichtlichen Rente gemeint. Wie hoch die ungefähr ausfallen wird, kannst du der »Renteninformation« entnehmen, die die Deutsche Rentenversicherung regelmäßig per Post verschickt. Dort findest du in einem kleinen Kasten auf der ersten Seite unter anderem eine Auskunft zur »Höhe deiner künftigen Regelaltersrente«, wenn du bis zum Rentenbeginn »Beiträge wie im Durchschnitt der letzten fünf Kalenderjahre« zahlst. Für alle, die 1964 und später geboren sind, liegt das reguläre Renteneintrittsalter aktuell bei 67 Jahren. Möglicherweise bist du schon einmal zusammengezuckt, wenn du bei deiner Rentenprognose eine dreistellige Zahl gefunden hast: Was, so wenig?!

Damit bist du in großer Gesellschaft. Die Durchschnittsrenten in Deutschland aus der gesetzlichen Rentenversicherung sind überschaubar. Frauen in den alten Bundesländern erhielten 2023 durchschnittlich 840 Euro Rente, in den neuen Bundesländern 1 208 Euro.[13] Da kann einem schon ein wenig flau werden. Wie kommt es zu diesen Zahlen? Die Renten beruhen in Deutschland auf dem sogenannten Generationenvertrag. Das bedeutet: Arbeitnehmer und Arbeitgeber zahlen gemeinsam in die Rentenkasse ein und daraus werden die Renten der aktuellen Ruheständler bezahlt. Weil in den letzten Jahrzehnten immer weniger Kinder geboren wurden und gleichzeitig immer mehr Menschen in den Ruhestand gehen, gerät dieses »Umlageverfahren« zunehmend unter Druck. Während 1962 noch sechs Arbeitnehmer auf einen Rentner kamen, waren es 1988 nur noch drei. Aktuell stehen einem Rentner nur noch rund zwei Beitragszahler gegenüber.[14] Man muss kein Mathegenie sein, um zu ahnen, dass das nicht gut ausgehen kann.

Die jeweilige Rentenhöhe wird aufgrund von »Entgeltpunkten« (»Rentenpunkten«) berechnet. Abhängig von der Höhe deines Verdienstes erwirbst du im Laufe deines Berufslebens eine bestimmte Anzahl dieser Punkte. Wie viele es sind, orientiert sich am Durchschnittsgehalt aller Versicherten. Im Jahr 2025 betrug dieses Durchschnittsgehalt 50 493 Euro. Wenn du 2025 exakt diese Summe verdient hättest, wäre dir für 2025 genau ein Rentenpunkt gutgeschrieben worden. Betrug dein Gehalt nur die Hälfte, gäbe es einen halben Punkt dafür. Nach oben hin ist die Zahl der Punkte gedeckelt durch die Beitragsbemessungsgrenze, ab der keine Rentenbeiträge mehr abgeführt werden. Diese Grenze lag 2025 bei einem Jahresgehalt von 96 600 Euro. Wie viel ein Rentenpunkt wert ist, wird jährlich neu berechnet. Ab Juli 2025 entsprach ein Punkt 40,79 Euro. Wenn du im Berufsleben 30 Rentenpunkte gesammelt hättest, würde deine Rente daher 1 223,70 Euro (30 × 40,79 Euro) betragen.

Verwirrend viele Zahlen, doch eine eindeutige Botschaft: Wer eine nennenswerte Rente aus der gesetzlichen Rentenversicherung beziehen will, muss gut verdienen und möglichst viele Jahre einbezahlen. Und selbst dann wachsen die Rentenbäume nicht in die Höhe. Die maximale Höchstrente betrug 2025 theoretisch 3 572 Euro. Dafür müsstest du als Beitragszahlerin 45 Jahre lang ohne Unterbrechung den höchsten Beitragssatz in die gesetzliche Rentenversicherung einbezahlen. Laut finanz.de haben das 2024 ganze 65 (!) Personen geschafft. Zum Vergleich: Im selben Jahr gab es mehr als dreimal so viele Millionengewinne im Lotto, und darauf würde man für die Altersvorsorge wohl kaum bauen.[15] Selbst Gutverdienerinnen müssen im Alter also Abstriche machen, wenn sie nicht anderweitig vorgesorgt haben. Erheblich schlimmer ist jedoch die Situation all jener Frauen, die nicht einmal 1 000 Euro Rente erwarten können. Die Ursachen dafür sind vielfältig:

- Frauen arbeiten häufiger in Teilzeit als Männer,
- sie versorgen Kinder und pflegebedürftige Angehörige und steigen dafür zeitweise aus dem Beruf aus,
- sie verdienen im Schnitt weniger als Männer (»Gender Pay Gap«, der 2024 16 Prozent betrug, und bei gleicher Qualifikation bereinigt immer noch 6 Prozent)[16],
- sie verlassen sich auf ihren Partner, obwohl fast jede dritte Ehe geschieden wird.[17]

PS: Sagte ich eigentlich schon, dass von der Rente noch Kranken- und Pflegeversicherung zu zahlen sind, und sogar Steuern, wenn du mehr als eine Minirente von um die tausend Euro beziehst?

Als grobe Faustregel bewährt sich, dass deine gesetzliche Rente etwa die Hälfte deines letzten Nettogehalts betragen wird. Ich empfehle dir allerdings, den Stier bei den Hörnern zu packen und deine persönliche Rentenlücke genauer auszurechnen – denn das wird ein wichtiger Baustein bei der Formulierung deiner finanziellen Ziele sein. Vorab zur Verdeutlichung ein Fallbeispiel. Eine Frau, 50 Jahre alt, verdient 2 900 Euro brutto. Netto bleiben davon 1 800 Euro Monatsgehalt. Geht sie in 15 Jahren in Rente, hat sie bei diesem Durchschnittsverdienst eine Bruttorente von rund 1 300 Euro zu erwarten. Nach Abzug von Steuern sowie Kranken- und Pflegeversicherung bleiben ihr noch 1 015 Euro. Als Rentnerin stehen ihr somit Monat für Monat 785 Euro weniger zur Verfügung als vorher. Das ist ihre Rentenlücke. Reisen und Ausflüge, Kino oder Theater, Cafébesuche und Restaurants, all das wird damit unerschwinglich – ausgerechnet zu einer Zeit, wo man das Leben genießen könnte. Das kann es doch wohl nicht sein! Wie viel Geld wäre nötig, um im Fallbeispiel den gewohnten Lebensstandard zu sichern? Gehen wir davon aus, unsere Beispielfrau wird 85 Jahre. Dann müsste sie binnen 15 Jahren ihre Rentenlücke für 240 Monate (20 Jahre) schließen. Erforderlich wäre also ein Vermögen von 785 Euro × 240 und damit von 188 400 Euro. Beginnt sie sofort mit dem Vermögensaufbau, wären dafür einem Startkapital von 5 000 Euro und bei einer

Verzinsung von 3 Prozent monatlich 794 Euro erforderlich, bei einer Verzinsung von 8 Prozent 506 Euro und bei einer Verzinsung von 15 Prozent 238 Euro. 3 Prozent entspricht dabei in etwa der Rendite privater Rentenversicherungen, 8 Prozent wären mit soliden ETFs zu erwirtschaften und 15 Prozent bei der Investition in ein Portfolio sorgfältig analysierter Einzelaktien.[18]

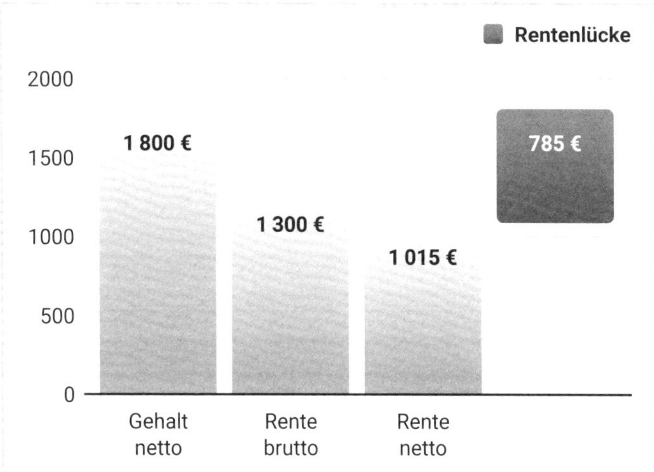


Abb. 2: Fallbeispiel Rentenlücke

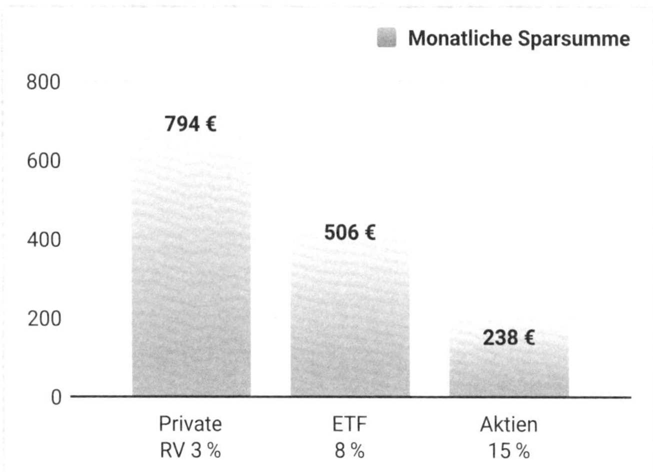


Abb. 3: Monatliche Investition, um die Rentenlücke zu schließen

Ganz schön ernüchternd, oder? Sehr viel einfacher wird es, wenn du mehr Zeit für den Vermögensaufbau hast und/oder über ein bestimmtes Startkapital verfügst. Wenn du bereits mit 30 startest, ist deine Ausgangssituation eine ganz andere. Doch besser spät als nie! Ein beeindruckendes Beispiel dafür ist Beate Sander, die mit 59 Jahren und einem Anfangskapital von 30 000 Euro startete und binnen 20 Jahren ein Aktiendepot im Wert von einer Million Euro daraus machte.[19] Sie war übrigens wie ich Lehrerin. Berechne am besten gleich deine Rentenlücke und werde aktiv! Die folgende Vorlage wie auch weitere nützliche Dokumente aus diesem Buch kannst du über den QR-Code am Ende des Buches als PDF herunterladen.

## Berechne deine Rentenlücke

1. Trage hier dein aktuelles Nettogehalt ein. .................... €

2. Nimm deine letzte Renteninformation zur Hand. Welche Summe wird dort als voraussichtliche Rente genannt? .................... €

3. Ziehe von dieser Summe 30 Prozent ab (Kranken- und Pflegeversicherung, Steuern). Dies ist grob überschlagen deine voraussichtliche Nettorente.* .................... €

4. Berechne die Differenz von Nettogehalt und Nettorente (Zeile 1 minus Zeile 3). Nun kennst du deine voraussichtliche monatliche Rentenlücke. .................... €

5. Multipliziere deine monatliche Rentenlücke × 12 Monate und × Anzahl deiner Lebensjahre in Rente. Dieses Vermögen brauchst du, um als Rentnerin deinen gewohnten Lebensstandard zu halten. .................... €

* Dies ist nur eine ungefähre Rechnung. Genaue Daten zum voraussichtlichen Beitrag zur Kranken- und Pflegeversicherung kannst du bei der Rentenversicherung erfragen. Niedrige Renten sind steuerfrei. Im Jahr 2025 mussten Neurentner erst dann Steuern bezahlen, wenn ihre Jahresbruttorente mehr als 16 243 Euro (also 1 354 Euro monatlich) betrug.

In der öffentlichen Diskussion werden zum Schließen der Rentenlücke vor allem zwei Tipps gegeben: der Erwerb von Wohneigentum und private Rentenversicherungen. Eine selbstgenutzte Immobilie hat zwar den Vorteil, dass du »mietfrei« wohnst, wenn du den Kredit bis zum Ruhestand abbezahlt hast. Das nützt dir aber wenig, wenn Unterhalt und notwendige Reparaturen mit einer kleinen Rente nicht mehr zu stemmen sind. Eine Immobilie kostet Geld, auch wenn der Kredit dafür getilgt ist. Eine Geldanlage bringt Geld. Das ist der Unterschied zwischen einer Verbindlichkeit und einer Investition. Private Rentenversicherungen können zwar steuerlich geltend gemacht werden, sind aus meiner Sicht wegen niedriger Renditen und oft hoher Verwaltungskosten aber wenig attraktiv. Staatlich geförderte Altersvorsorgemodelle wie die Riester- und die Rürup-Rente stehen daher schon lange als wenig lukrativ in der Kritik.[20] Und eine betriebliche Altersvorsorge bringt dann etwas, wenn du sehr lange bei einem Arbeitgeber bist. In einer ARD-Dokumentation zum Thema Altersarmut verstieg sich der Vertreter eines Wohlfahrtsverbandes vor diesem Hintergrund zu dem Rat, »Seien Sie nett zu Ihren Kindern.«[21] Echt jetzt, die eigenen Kinder um Unterstützung bitten?! Liebe Ladys, das geht auch anders. Wir müssen uns nur trauen!

## Vom Bonsai zum prächtigen Baum

Weißt du, was Bonsai bedeutet? – »Baum in einer Schale«. Ein Bonsai bleibt nur deshalb so klein, weil seine Wurzeln begrenzt werden. Setzt du ihn in die Erde um, wächst er immer weiter und wird zu einem prachtvollen Baum. Jetzt überlege bitte: In welcher Schale sitzt du gerade? Ist dein Umfeld ein fruchtbarer Boden für Wachstum oder eine viel zu kleine Schale, die dich limitiert? Hast du es mit Menschen zu tun, die mit Geld klarkommen? Die investieren, Vermögen aufbauen und offen über Geld sprechen? Oder stehst du unter dem Einfluss von Menschen, die meinen, »Geld ist nicht so wichtig«, gleichzeitig aber darüber klagen, dass alles immer teurer wird? Die Wahrheit ist: Geld ist ansteckend. Erfolg ist ansteckend. Wissen ist ansteckend. Wenn du dein Vermögen selbst in die Hand nehmen willst, brauchst du Menschen um dich herum, die dich ermutigen, dich unterstützen und ihr Wissen mit dir teilen. Verbringst du einen Teil deiner Zeit mit solchen Menschen, verändert sich dein Mindset. Plötzlich erscheinen dir Möglichkeiten, wo du vorher nur Hindernisse gesehen hast. »Ich kann mir meine Familie und meine Kollegen ja nicht aussuchen«, wird häufig entgegengehalten. »Soll ich etwa meine Freunde einfach austauschen?!« Natürlich nicht. Aber du kannst bewusst entscheiden, wer den größten Einfluss auf dich hat. Hier drei Möglichkeiten, wie du dein Umfeld aktiv verändern kannst.

Erstens, werde Teil einer Community. Suche dir Gleichgesinnte. Dank dem Internet stehen dir mit ein paar Klicks Finanzpodcasts, YouTube-Kanäle und einschlägige Gruppen in den sozialen Medien zur Verfügung. Auf Events wie Vorträgen und Kongressen kannst du Kontakte knüpfen. Geh ins Netz und entdecke die Möglichkeiten. Lerne Frauen mit ähnlichen Interessen kennen, mit denen du dich austauschen kannst, ohne dich für dein Interesse an Finanzfragen rechtfertigen zu müssen. Ideal ist nach einer ersten Orientierungsphase ein Mentoring-Programm, in dem du vom Wissen erfahrener Investorinnen profitieren kannst – ob online oder auch als Präsenzprogramm. Vorteil ist, dass du mit Menschen in Kontakt kommst, die bereits da sind, wo du hinmöchtest. Lernen von erfahrenen Praktikern ist unschlagbar wertvoll. Ich selbst verfolge diesen Weg bis heute. Gerade habe ich mir für den Ausbau meines Unternehmens eine Mastermind-Gruppe erfahrener Unternehmer gesucht.

Zweitens, setze Grenzen. Wenn Menschen in deinem aktuellen Umfeld deine Träume kleinreden, dann sei dir bewusst, dass du nicht jeden in deine Ziele einweihen musst. Wende dich für Gespräche über Finanzthemen an Menschen mit einem positiven »Geld-Mindset«. Du musst nicht alles mit allen besprechen. Manche

Gesprächspartner werden dein Interesse an Investments einfach nicht verstehen. Sie wollen es häufig auch nicht verstehen, denn dann müssten sie womöglich selbst ins Handeln kommen. Lieber betrachten sie das Ganze durch ihre eigene Brille, und aus ihrer Bubble heraus geben sie dir nutzlose Ratschläge. Also teil nicht zwangsläufig alles mit anderen. Hol dir nur Rat von Menschen, die schon da sind, wo du hinwillst.

Drittens, investiere in dein Wachstum. Investiere erst einmal Zeit und, wenn du orientiert bist, investiere gezielt Geld. Das muss nicht gleich ein ganzes Mentoring sein, das kann ein Podcast sein, ein Buch, ein Vortrag, der Besuch einer Messe. Hör dir gern einmal meinen Podcast an und entscheide, ob er das Richtige für dich ist. Inzwischen sind von »Investiere.Dich.Frei«, meinem Finanzpodcast für Frauen, über 100 Folgen zu einer Vielzahl von Finanzthemen erschienen. Damit kannst du dein Wissen erweitern – kostenlos und zeitlich vollkommen flexibel (https://investieredichfrei.de/podcasts/). All das wird dich Schritt für Schritt weiterbringen und dein Mindset verändern. Und je mehr du durchblickst, je mehr du weißt, desto mutiger werden deine Entscheidungen! Die Welt steckt einfach voller Möglichkeiten. Geh raus und nutze sie.

## Awake Your Money

Ich vergleiche das Geld auf dem Sparbuch, auf Tagesgeldkonten oder auch als Festgeld mit Minizinsen gerne mit dem Toten Meer. Das Tote Meer heißt so, weil absolut keine Bewegung drin ist, da fließt ständig Wasser rein, aber nichts raus. Alles, was in dieser toten Suppe ein bisschen länger rumliegt, stirbt nach kurzer Zeit. So geht es deinem Geld, wenn es kaum Zinsen abwirft. Es verliert an Wert. Sobald du zur Drachentöterin deiner geldfeindlichen Glaubenssätze geworden bist, lautet mein zweiter Tipp für dich daher: *Awake your money* – erwecke dein Geld zum Leben. Hier noch einmal zur Verdeutlichung: Stell dir vor, du legst monatlich 300 Euro zur Seite – auf ein Sparbuch mit 1 Prozent Zinsen oder ins Aktiendepot mit 10 Prozent Rendite. Nach 15 Jahren sieht das so aus:

- Sparbuch: 58 000 Euro
- Aktiendepot: 124 000 Euro

Die Differenz? 66 000 Euro – einfach nur durch den Zinseszins.

»Ja, aber«, meldet sich dein Drache zu Wort, »Sind die 10 % denn sicher?« Sicher ist, dass Aktien langfristig die höchsten Renditen abwerfen. Auch wenn es immer wieder Täler und Krisen gibt, haben sich die Aktienindizes nach jedem Crash wieder erholt. Seit vielen Jahrzehnten kennen sie im langjährigen Mittel nur eine Richtung: nach oben. Als Beispiel hier der Deutsche Aktienindex (DAX), dessen aktueller Stand allabendlich in der *Tagesschau* gemeldet wird. Aufgrund der wirtschaftlichen Lähmung und Krisensymptome in Schlüsselbranchen wäre der DAX momentan zwar nicht mein Investmentfavorit, aber du siehst: Anlagen von 15 Jahren und mehr hätten sich auch hier bisher gelohnt. Im nächsten Kapitel schauen wir uns genauer an, wie die Börse funktioniert und worauf es bei der Investition in Aktien ankommt. Es hat schon seinen Grund, dass wohlhabende Menschen ganz selbstverständlich in Aktien investieren (Abb. 4).

Dein Drache gibt nicht auf: »Alles schön und gut, aber das kostet doch enorm viel Zeit. Meinst du wirklich, du kannst einfach so lernen, wie das Finanzsystem funktioniert?« »Einfach so« geht im Leben leider gar nichts. Du wirst Zeit brauchen, um dich einzulesen und zurechtzufinden, denn ich möchte ja, dass du selbst Verantwortung übernimmst und aktiv wirst. Allerdings musst du auch nicht deine komplette Freizeit opfern. Du bestimmst das Tempo, und mit guten Ratgebern (wie diesem Buch 😉) und einer guten Community machst du rasch Fortschritte. Du kannst mit kleinen Investments starten und Erfahrungen sammeln, und dir nach und nach die verschiedenen Anlagemöglichkeiten erschließen. Überleg einfach mal, wie viel Zeit du im Netz verbringst, um nach dem perfekten

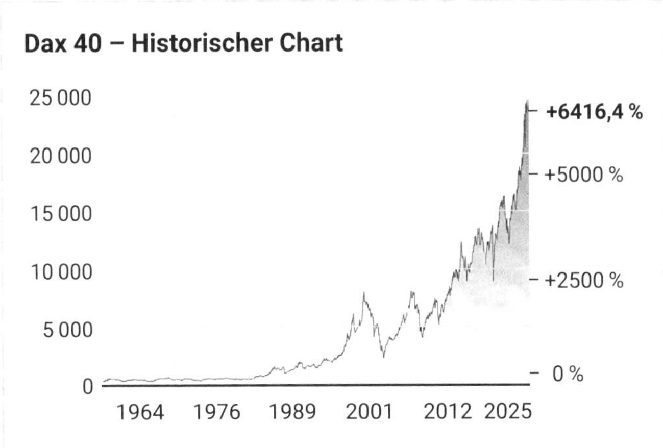


Abb. 4: Deutscher Aktienindex, Verlauf seit 1959 (Quelle: www.finanzen.net)

Urlaubsziel, dem schönsten Hotel, der günstigsten Designerhandtasche zu suchen. Was wäre, wenn du einen Teil dieser Zeit in dein Finanzwissen investierst? Meine Erfahrung ist zudem: Wenn Frauen erst einmal Witterung aufgenommen haben, ist ihr Ehrgeiz geweckt und sie haben Spaß beim Eintauchen in die wunderbare Welt der Geldvermehrung. Last but not least: Wenn du erfolgreich investierst, entkommst du auf Dauer dem zermürbenden Hamsterrad von »Arbeiten – Geld verdienen – Geld ausgeben/konsumieren – mehr arbeiten – noch mehr Geld verdienen …« Du generierst passives Einkommen und kannst mehr und mehr frei entscheiden, wie du dein Leben gestaltest.

Da ist der Drache sprachlos und senkt resigniert das Haupt.

## Meine Kernbotschaften

- Kein Investment ist ohne Risiko. Riskant ist sogar das Sparbuch, denn dort verlierst du dank Inflation Geld. Das größte Risiko ist deshalb, gar nichts zu tun.
- Ein netter Bankberater ist kein Ersatz für eigenes Know-how. Er verkauft dir – meist gegen Provision – die Produkte, die sein Arbeitgeber anbietet.
- Das größte Hindernis auf dem Weg zur erfolgreichen Investorin bilden negative Glaubenssätze, die dein Verhalten unhinterfragt steuern. Töte den Drachen!
- Die gesetzliche Rentenversicherung führt schnurstracks in die Rentenlücke – die Frage ist nicht, ob du eine hast, sondern wie hoch die Differenz zu deinem letzten Gehalt ausfällt.
- Mit gut überlegten Investitionen sicherst du deinen Lebensstandard, entkommst dem Hamsterrad und kannst die Zeit nach dem Ausscheiden aus dem Beruf genießen. *Awake your money*!
- Die Finanzwelt ist kein Buch mit sieben Siegeln. Geh Schritt für Schritt in deinem Tempo vor, lies dich ein, such dir eine Community und lege los!

# 3

# Die Börse: Die einzige Shoppingmall, die dein Geld vermehrt

*Ich investiere nicht, um morgen reich zu sein.*
*Ich investiere, um langfristig Vermögen aufzubauen.*

Bei Boldas am Küchentisch. Mein elfjähriger Sohn ist gerade aus der Schule gekommen und erzählt, was er alles erlebt hat. Dann platzt er heraus: »Und der … (sein bester Freund), der hat jetzt neue Kopfhörer von Apple!« Ob die nicht sehr teuer seien, will ich wissen. »Ja klar, unter 600 Euro geht da nichts«, erklärt mein Sohn mit Expertenmiene. Ich frage, was wohl die meisten Mütter gefragt hätten: »Woher hat dein Freund denn so viel Geld?« Soweit ich weiß, ist die Familie finanziell nicht auf Rosen gebettet. Auch da ist mein Sohn bestens informiert: »Die haben das Schmerzensgeld, das sie nach dem Autounfall bekommen haben, unter sich aufgeteilt, und dann durfte jeder sich was Schönes davon kaufen!« – »Mm«, mache ich und dazu ein neutrales Gesicht, wie ich hoffe. Doch mein Sohn hat mich schnell durchschaut: »Ich weiß, was du jetzt denkst. Der hätte besser Aktien gekauft!«

## Warum Aktien langfristig die sicherste Bank sind

»Das Leben der Eltern ist das Buch, in dem die Kinder lesen«, meinte der Kirchenlehrer Augustinus schon vor 1 600 Jahren. Eltern prägen das Verhalten ihrer Kinder. Das ist vermutlich auch ein Grund dafür, dass nur eine Minderheit der Deutschen in Aktien investiert. Das Deutsche Aktieninstitut hat ermittelt, dass 2024 nur 12,1 Millionen Bewohnerinnen und Bewohner über 14 Jahre Aktien im Depot hatten (in Form von Einzelaktien, klassischen Aktienfonds oder ETFs). Die Zahl steigt langsam, doch es bleibt eine Minderheit.[22] Aktien haben hierzulande, anders als in den USA, keine Tradition. Ich vermute, die Bilder in den Köpfen dazu tun ein Übriges. Was kommt dir als Erstes in den Sinn, wenn du an Aktien und Börse denkst? Vielleicht dies: hektische Börsenhändler auf dem Parkett, die in Telefone schreien, oder kriminelle Spekulanten mit gegelten Haaren, die skrupellos Kasse machen wie Michael Douglas alias Gordon Gekko in »Wall Street« oder Leonardo DiCaprio als »Wolf of Wall Street«. Dazu segeln irgendwann kistenweise Papierblätter durch den Börsensaal und erfolglose Anleger werden in den Ruin getrieben. Frauen kommen in dieser Welt allenfalls als schmückendes Beiwerk vor.

Mit der Realität haben solche Szenen wenig zu tun. In den Börsensälen geht es eher ruhig zu – achte mal auf das Hintergrundbild der täglichen Börsenmeldungen in den Abendnachrichten. Ein Großteil des Handels hat sich ins Internet verlagert, und dort kannst du bei digitalen Brokern (Aktienhändlern) vom heimischen Sofa aus Aktien erwerben bzw. verkaufen oder bei Fonds ein- und aussteigen. Dabei hast du die Wahl zwischen Tausenden von Unternehmen, darunter viele bekannte Marken, die du aus deinem Alltag oder vom letzten Einkaufsbummel kennst – von Adidas bis Zara (Letzteres unter dem spanischen Mutterkonzern Inditex). So gesehen ist die Börse eine riesige Shoppingmall, mit dem Unterschied, dass du dort mit mehr Geld rauskommen kannst, als du beim Reingehen in der Tasche hattest. Wenn du es richtig anstellst jedenfalls, und dazu gehört, nicht blind auf Tippgeber oder gar Werbung zu hören – wie einst beim Hype um die Telekomaktie durch Spots mit dem beliebten Schauspieler Manfred Krug. Die Euphorie endete für viele im Katzenjammer und hat der Aktienkultur hierzulande nicht gutgetan.

Viele Menschen schreckt außerdem das hektische und teilweise irrationale Auf und Ab der Aktienkurse. Da genügt eine einzige Äußerung des US-Präsidenten, um die Kurse kurzfristig in den Keller zu jagen. Ein paar Tage später sind sie wieder auf Ausgangsniveau. Da verlässt ein wenig erfolgreicher CEO das Unternehmen und der Kurs steigt prompt, ohne dass irgendjemand tatsächlich wissen kann, was die Zukunft bringen wird. Mittel- und langfristig wird der Börsenwert eines Unternehmens jedoch nicht durch kurzfristige Ausschläge und Emotionen bestimmt, sondern durch die wirtschaftliche Substanz eines Unternehmens. Ein gutes Beispiel dafür, dass ein solides Unternehmen auch schwere Stürme übersteht, ist die Airbusaktie. Während der Corona-Pandemie stürzte die Aktie regelrecht ab. Viele Menschen fürchteten, dass wir nie wieder reisen können. Phasenweise herrschte Weltuntergangsstimmung. Flugzeuge blieben am Boden, Airlines stornierten Bestellungen. Viele Anleger verkauften in Panik ihre Aktien, und da der Preis einer Aktie von Angebot und Nachfrage bestimmt wird, brach der Airbuskurs ein. Aber was passierte ein, zwei Jahre später? Airbus kam stärker zurück als je zuvor. Die Aktie erholte sich nicht nur, sie erreichte neue Höhen, weil das Unternehmen fundamental gesund war, weil es Nachfrage gab, und zwar noch mehr Nachfrage als zuvor. »Fliegen« war eben kein kurzfristiger Trend und Airbus ein Unternehmen mit echter Substanz. Anhand welcher Kriterien du solche Unternehmen erkennst und auf welche Warnsignale du achten solltest, schauen wir uns im 4. Kapitel an. Es ist mit »Die Strategie« überschrieben, denn darum geht es: wohlüberlegt und nach rationalen Kriterien an der Börse zu investieren, statt sich von Emotionen, momentanen Stimmungen und dem Kaffeesatzlesen leiten zu lassen.

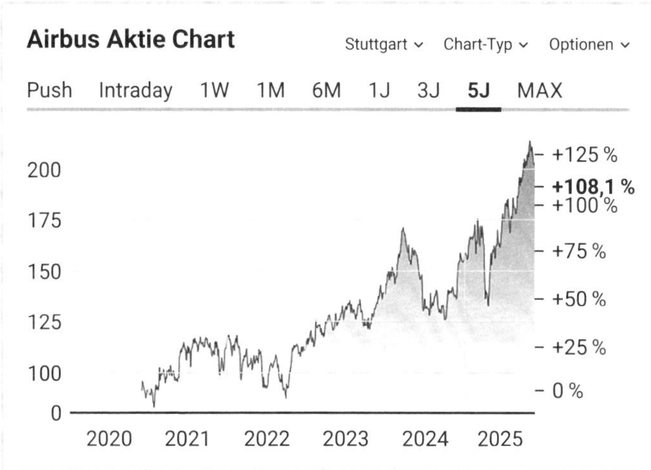

Abb. 5: Entwicklung der Airbusaktie (Fünfjahresverlauf)[23]

Ich gebe zu: Keine Strategie der Welt wird dich gänzlich vor Irrtümern und unvorhergesehenen Ereignissen bewahren. Wenn du in Einzelaktien investierst, kannst du trotz aller Recherchen und Analysen immer wieder überrascht werden, positiv wie negativ. Wenn du allerdings das Risiko genügend streust und in verschiedenen Branchen investierst (»diversifizierst«), wachsen deine Chancen auf gute Gewinne. Und solltest du das Risiko von Einzelaktien scheuen, investierst du am besten in breit gestreute Aktienfonds wie ETFs. Insgesamt und über die Gesamtheit des Aktienmarktes gesehen, sind Investitionen an der Börse tatsächlich eine sichere Bank – wie die Entwicklung historischer Indizes zeigt. Beim DAX (Deutschen Aktienindex), der die Wertentwicklung der 40 größten und finanzstärksten deutschen Unternehmen misst, habe ich dir das oben im Abschnitt »Awake Your Money« mit dem historischen Kursverlauf schon gezeigt. Nehmen wir zwei andere Aktienindizes, den S&P 500 (die 500 größten Aktiengesellschaften in den USA) und den Kanadischen S&P/TSX Composite Index, der die Unternehmen mit dem größten Börsenwert an der Toronto Stock Exchange umfasst.

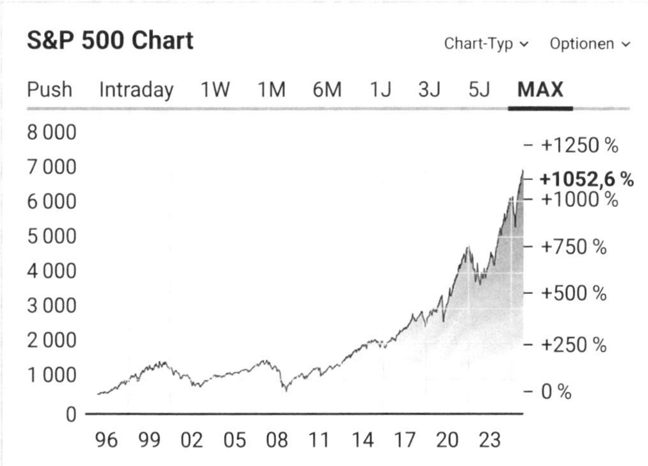


Abb. 6: Kursverlauf des US-amerikanischen S&P 500 Index von Beginn bis heute[24]

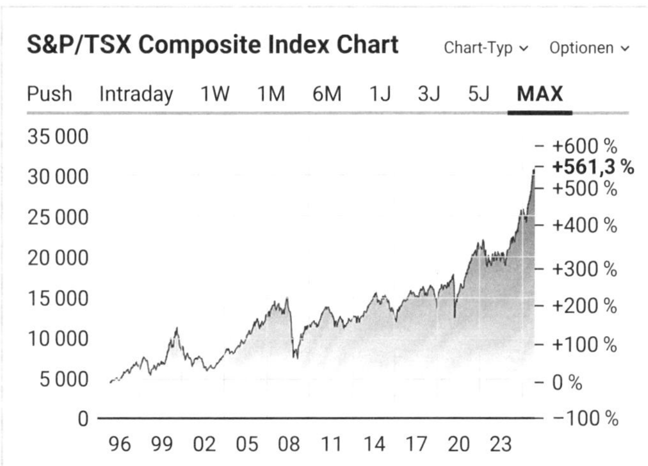


Abb. 7: Kursverlauf des kanadischen S&P/TSX Index von Beginn bis heute[25]

Wie kommt es, dass sich Unternehmenswerte im Schnitt (also über eine Vielzahl von Unternehmen und über längere Zeiträume gerechnet) immer nach oben entwickeln? Ganz einfach, weil unser Wirtschaftssystem auf Wachstum angelegt ist. Unternehmen werden gegründet und wenn sie erfolgreich sind, wachsen sie. Sie verbessern ihre Produkte, erobern neue Marktanteile, reinvestieren ihre Gewinne, wachsen weiter. Schrumpfung ist immer ein Indiz für Krise und Misserfolg – kein Unternehmer will nächstes Jahr weniger erreichen als dieses! Während erfolgreiche Unternehmen sich über Jahrzehnte bewähren und expandieren, verschwinden andere wieder vom Markt, durch Missmanagement, weil sich ihre Produkte überlebt haben oder auch durch externe Einflüsse wie politische und gesellschaftliche Krisen, die den Aktienmarkt ebenfalls beeinflussen. Gleichzeitig werden jedoch laufend neue Unternehmen gegründet, von denen einige wenige atemberaubende Erfolgsgeschichten schreiben. Apple, 2025 mit 3,545 Billionen US-Dollar das wertvollste Unternehmen der Welt, kannte dein Großvater noch nicht. Es wurde 1976 gegründet. Doch verglichen mit Google (gegründet 1998), Tesla (2003) oder Meta/Facebook (2004), ebenfalls unter den Top Ten der wertvollsten Unternehmen 2025, wirkt Apple bereits wie ein Traditionsunternehmen.[26] Wer beim Börsengang Apple-Aktien gekauft hätte, hätte sich knapp 50 Jahre später, im August 2025, über eine Wertsteigerung von über 6 000 Prozent gefreut, bei Google waren es zu diesem Zeitpunkt 8 000 Prozent.[27] Das sind natürlich Ausnahmen, aber eine Vielzahl von Unternehmen jenseits der Superstars schreibt solide Gewinne und hat eine gute Zukunft vor sich. Sie gilt es zu entdecken, wenn du in Einzelaktien investieren willst.

## Wie funktioniert die Börse?

Eine »Börse« ist nichts anderes als ein Handelsplatz, an dem Käufer und Verkäufer zusammentreffen. Das können Waren sein wie Getreide oder Rohstoffe oder auch Unternehmensanteile wie Aktien. Börsen gibt es schon sehr lange, seit dem frühen 15. Jahrhundert. Viele Menschen haben schon einmal von der Amsterdamer Tulpenbörse gehört, auf der Blumenzwiebeln gehandelt wurden und bei der die Preise für eine einzige Zwiebel in der ersten Hälfte des 17. Jahrhunderts erst in wahnwitzige Höhen stiegen, um dann komplett einzubrechen. Die »Tulpenmanie« dient bis heute als Beispiel für eine Spekulationsblase, bei der die Preise in irrationale Höhen katapultiert wurden wie knapp 300 Jahre später in der Dotcom-Blase. Mit solchen Formen der Zockerei haben durchdachte Investitionen an der Börse allerdings wenig zu tun. Während der Dotcom-Blase beispielsweise rissen sich viele Anleger um alles, was irgendwie mit dem Internet zu tun hatte, ohne auch nur einen Blick auf Geschäftsmodell und wirtschaftliche Kennzahlen der Unternehmen zu werfen. Sie vertrauten darauf, dass die rasant steigenden Kurse weiter steigen würden. Im März 2000 brachen die aufgeblähten Kurse dann ein.

Generell gilt, dass die Preise an einer Börse stets durch Angebot und Nachfrage bestimmt werden. Im Fall von Aktien bedeutet das: Ein Unternehmen gibt eine bestimmte (begrenzte) Zahl von Aktien heraus. Ist das Interesse an diesen Aktien hoch, steigt der Preis, ist das Interesse niedrig, sinkt der Preis. Im Fall von Aktien spricht man beim Preis vom »Kurs«. Zur Festsetzung des jeweiligen Aktienkurses werden an den Börsen kontinuierlich die verschiedenen Ordergebote (»Kaufe die Aktie X zum Preis Y«) und die verschiedenen Verkaufsangebote (»Verkaufe die Aktie X zum Preis Z«) abgeglichen. Aus diesem Abgleich errechnet sich der fortlaufend aktualisierte Aktienpreis. Heute geschieht das meist digital, daher werden die Preise im Sekundentakt angepasst. So entsteht die wie mit zittriger Hand gemalte Tageskurve eines Börsenkurses. Ein Beispiel: Während ich dies schreibe, ist es gerade halb elf am Vormittag des 18. August 2025, und der Kurs der Microsoft-Aktie pendelte seit Börsenöffnung heute zwischen 444,60 Euro und 446,55 Euro.[28]

Als Käuferin kannst du zum momentanen Marktpreis kaufen und verkaufen (»Market Order«), oder du gibst an, zu welchem Preis der von dir beauftragte (Online-)Händler eine bestimmte Zahl an Aktien kaufen oder verkaufen soll (»Limit«-Kauforder). Eine solche Limit Order könnte z. B. lauten »Kaufe zwei Microsoft-Aktien zum Preis von je 444,70.« Mit dem Kauf einer Aktie wirst du Mitinhaberin eines Unternehmens – du kaufst quasi ein Stück davon. Je mehr Aktien du besitzt, desto größer ist dein Stück vom Kuchen. Privatleute sind in aller Regel Kleinanleger (auch bei höheren Anlagesummen), während institutionelle Anleger (wie Banken, Versicherungen, Pensionskassen oder Investmentunternehmen) sich größere Kuchenstücke sichern. Weltweit sind über 50 000 Unternehmen an verschiedenen Börsen notiert – 2024 waren es exakt 53 710, mit einem Börsenwert von zusammen über 125 Billionen US-Dollar.[29] Den »Börsenwert« eines Unternehmens erhältst du, wenn du die Zahl der vom Unternehmen ausgegebenen Aktien mit dem Preis der Aktie multiplizierst. Ein anderes Wort dafür ist »Marktkapitalisierung«. Du siehst, viele Begriffe aus der Aktienwelt klingen kompliziert, sind aber einfach zu erklären.

Auch wenn die Zahl beeindruckend klingt, sind längst nicht alle Unternehmen an der Börse notiert. Gerade Deutschland ist auch ein Land großer Familienunternehmen, die keine AGs (Aktiengesellschaften) sind. Mit Würth, Rossmann oder Boehringer Ingelheim gibt es darunter die unterschiedlichsten Branchen und echte Riesen. Andere Unternehmen, wie die Volkswagen AG oder die BMW AG, sind zu einem beträchtlichen Anteil in Eigentümerhand und gelten daher als »familienkontrolliert«. Generell solltest du dich beim Investieren aber nicht nur auf Unternehmen hierzulande konzentrieren. Dazu ist die Börsenwelt einfach zu groß, und tolle Chancen warten auch anderswo. Allein, dass du eine Marke kennst, ist zudem kein Garant dafür, die Erfolgschancen eines Unternehmens besser einschätzen zu können. Denn darum geht es im Kern bei der Investition in Aktien: abzuschätzen, ob sich ein Unternehmen positiv entwickeln und damit weiterhin für Kursgewinne sorgen oder ob es stagnieren oder sogar in eine wirtschaftliche Abwärtsbewegung geraten wird. »Bauchgefühl« allein ist dafür ein schlechter Gradmesser. Stattdessen geht es darum, die bisherige Kursentwicklung aufmerksam zu studieren und daraus auf einen möglichen Trend zu schließen (sogenannte »technische Analyse«) und sich außerdem anhand relevanter Unternehmensdaten und Kennzahlen ein eigenes Bild vom wirtschaftlichen Zustand des Unternehmens zu machen (sogenannte »Fundamentalanalyse«). Mit der technischen Analyse schaust du dir sozusagen die Großwetterlage der letzten Wochen, Monate und Jahre an. Mit der Fundamentalanalyse prüfst du den aktuellen wirtschaftlichen Zustand des Unternehmens auf Herz und Nieren. Wenn sich beispielsweise der Aktienkurs eines Unternehmens in den letzten Jahren nur minimal nach oben oder seitwärts bewegt hat und wenn zusätzlich Innovationen ausbleiben und die Verschuldung wächst, solltest du eher vorsichtig sein – so gut klingend ein Unternehmensname auch sein mag. Die Indizien sprechen dafür, dass dieses Unternehmen auf einen absteigenden Ast geraten könnte. Im 4. Kapitel werfen wir noch einen genaueren Blick auf die Unternehmensanalyse, die du als Investorin vornimmst. Auch das ist kein Hexenwerk, glaube mir. Geld verdienst du an der Börse, indem du Aktien (oder einige davon) zum richtigen Zeitpunkt mit Gewinn verkaufst. Daneben schütten viele Unternehmen jährlich einen Teil ihrer Gewinne an Aktionäre aus. Das sind die Dividenden, mit denen du als Aktionärin ebenfalls Geld verdienen kannst. Ihre Höhe bemisst sich am Unternehmenserfolg, sodass sie in schlechten Jahren auch schon mal ausfallen können.

Wenn bekannte Unternehmen sich entschließen, an die Börse zu gehen, ist dies ein großes Ereignis, das viel Presseaufmerksamkeit erhält. Bei solchen Börsengängen geht es einer Firma in der Regel darum, durch den Aktienverkauf Kapital für geplante Investitionen einzusammeln. Der Ausgabepreis eines solchen Börsengangs wird von einer Investmentbank aufgrund ihrer Unternehmensanalyse festgesetzt. Anschließend wird mit Spannung erwartet, wie sich der Kurs im Verlauf des ersten Tages entwickelt. Börsengänge werden in der Branche als »IPOs« bezeichnet. Das steht für »Initial Public Offering«. Häufig sinkt der Kurs nach der Anfangseuphorie wieder, sodass Spötter sagen, IPO stünde eigentlich für »It's probably overpriced«, der Einstiegspreis sei wahrscheinlich zu hoch angesetzt.[30] Das spricht dafür, erst einmal gelassen abzuwarten und nicht um jeden Preis aktuell gehypte Aktien ergattern zu wollen.

Wichtige Börsenplätze weltweit sind übrigens New York mit der NYSE (New York Stock Exchange) und dem vollelektronischen

NASDAQ (National Association of Securities Dealers Automated Quotations), die London Stock Exchange, Swiss Exchange SIX in Zürich, die Frankfurter Börse, die Hong Kong Stock Exchange, die Singapore Exchange Ltd. (SGX), die Tokyo Stock Exchange und die Toronto Stock Exchange (TSX). An welchen Börsen sich Unternehmen listen lassen, hängt mit ihrer geschäftlichen Ausrichtung zusammen. Wer beispielsweise chinesische Investoren und Aktionäre ansprechen will, ist an der Hong Kong Stock Exchange vertreten.

## Aktien, ETF & Co.: Kein Buch mit sieben Siegeln

Was kannst du an der Börse alles kaufen? Grob gesprochen kannst du dort Aktien, ETFs, Anleihen und Optionen erwerben. Beginnen wir mit Einzelaktien, die meine große Leidenschaft sind. Warum ist das so?

Einzelaktien bieten das Potenzial für hohe Renditen. Auch wenn du nicht beim nächsten Apple oder Google mit dabei bist, halte ich durchschnittliche Gewinne von bis zu 15 Prozent jährlich für realistisch – immer vorausgesetzt, du investierst breit aufgestellt (also diversifiziert in unterschiedlichen Branchen) und bist in der Lage, zwischenzeitliche Dellen wie beispielsweise während der Corona-Pandemie auszusitzen. Außerdem gibt es Strategien, auch in Zeiten fallender Kurse Geld zu verdienen, wie wir in Kapitel 5 (»Einzelaktien«) noch sehen werden. Viele Börsenmillionäre sind gerade in schwierigen Börsenzeiten reich geworden. Manche Investoren beweisen daneben ein glückliches Händchen beim kurzfristigen »Traden« und surfen gekonnt auf den Wellen der Börsenkurse und ihrem ständigen Auf und Ab. Dafür brauchst du allerdings einschlägige Kenntnisse, sodass meine Finanzakademie für Frauen, die bereits mit dem Aktienmarkt vertraut sind, inzwischen auch einen Trading-Kurs bei einem professionellen Trader anbietet, unter dem Titel »SheTrades«. Grundsätzlich geht es bei der Investition in Einzelaktien darum, Aktien mit starkem Wachstumspotenzial in dein Portfolio zu packen. Wenn Umsätze und Gewinne eines Unternehmens wachsen, wächst auch der Aktienkurs – so einfach ist das. Durch den Verkauf im Kurs gestiegener Aktien nimmst du Gewinne mit, die du wieder in vielversprechende Unternehmen investieren oder als Zusatzeinkommen nutzen kannst.

Neben der Chance auf hohe Renditen ist der zweite Vorteil von Einzelaktien, dass du damit die Möglichkeit hast, ganz gezielt in Unternehmen zu investieren, die deinen persönlichen Interessen und Überzeugungen entsprechen. Du kannst Unternehmen stärken, deren Produkte du befürwortest, und andere meiden, deren Geschäftsmodell du kritisch siehst. Einzelaktien bieten dir neben möglichen Kursgewinnen außerdem die Chance auf passives Einkommen in Form von Dividenden. Du musst dich also nicht zwingend von einer Aktie trennen, um Geld damit zu verdienen. Manche Aktionäre setzen sogar vornehmlich auf eine Dividendenstrategie, indem sie Aktien großer, stabiler Unternehmen kaufen und diese sehr lange halten (»Buy-and-hold«-Strategie). Die meisten dieser Unternehmen wachsen nicht mehr so stark im Kurs wie Newcomer. Zum Ausgleich für die geringere Kursbewegung zahlen sie ihren Investoren regelmäßig Dividenden. Mir persönlich ist da zu wenig Bewegung drin, und die Rendite ist mir für einen Vermögensaufbau zu gering. Sollte es dir aber vor allem darum gehen, ein bereits existierendes Vermögen abzusichern, kommt eine Dividendenstrategie möglicherweise für dich infrage. Im 5. Kapitel findest du auch hierzu grundlegende Infos.

Wo viel Licht ist, gibt es natürlich auch Schatten. Bei Einzelaktien besteht immer die Gefahr eines Fehlgriffs und damit verbunden hoher Verluste. Dabei muss es nicht um Betrug gehen, wie beim spektakulären Fall des Finanzdienstleisters Wirecard, dessen Aktien plötzlich wertlos waren, als 2020 langjährige Bilanzfälschungen ans Licht kamen. Auch wenn neue Produkte floppen, mächtige Konkurrenten entstehen, wichtige Prozesse verloren werden oder politische Krisen für Instabilität sorgen, kann es zu Kurseinbrüchen kommen. Keine erfahrene Investorin würde daher alles auf eine Karte setzen.

In unterschiedlichen Branchen aktiv zu sein, minimiert das Risiko. Hier kommen ETFs ins Spiel.

Während du bei einer Einzelaktie das investierte Geld einem einzigen Unternehmen anvertraust, erwirbst du mit einem ETF (»Exchange Traded Fund«, also börsennotierten Fonds) automatisch Anteile an vielen Unternehmen. ETFs bilden einen Index oder eine bestimmte Anlageklasse ab und enthalten somit eine Vielzahl von Aktien oder Anlageinstrumenten in einem Korb. So wird das Geld, das du einsetzt, breit gestreut. Durch diese Diversifikation reduzierst du automatisch dein Risiko, mögliche Schwankungen sind nicht mehr so extrem wie bei Einzelaktien. Verlieren zwei, drei Aktien massiv an Wert, wirkt sich das in einem ETF mit vielen Dutzend oder gar Hundert verschiedenen Aktien nicht so krass aus, als wenn du fünf Einzelaktien gekauft hast, von denen drei gerade im Kurs fallen. Da merkst du direkt, wie der Wert deines Depots sinkt. Inzwischen gibt es eine Vielzahl von ETFs auf der Basis unterschiedlicher Indizes. Zu den Anlageklassen, die in ETFs gebündelt werden, zählen neben Aktien auch Rohstoffe, Anleihen. Immobilien, Kryptowährungen und Gold-ETCs, die die Entwicklung des Goldpreises in Form von Wertpapieren abbilden. Indizes für Regionen, Länder, Themen oder Branchen werden von Unternehmen wie MSCI oder FTSE Russell zusammengestellt, auf deren Daten auch andere ETF-Anbieter zurückgreifen. Dass ein Länder- oder Themenfonds wegen der geringeren Diversifizierung ein größeres Risiko birgt als ein breiter aufgestellter ETF, ahnst du inzwischen. Mit MSCI-World ETFs beispielsweise, die auf einem Index der Morgan Stanley Capital International basieren, investierst du in rund 1 500 große Unternehmen in 23 Ländern weltweit (allerdings mit deutlichem Schwerpunkt auf die USA).[31] Dies nur in Kürze, denn wir werden das Thema ETFs im 6. Kapitel »Weitere Anlagemöglichkeiten« noch vertiefen.

Neben der Diversifizierung ist die einfache Handhabung ein weiterer Vorteil der ETFs. Das heißt, du kaufst einmal ein, zwei ETFs oder legst Sparpläne dafür an, und dann läuft das Ganze. Du investierst gleichzeitig in verschiedenen Märkten, ohne dich aufwendig mit

Einzelunternehmen beschäftigen zu müssen. Daher sagen Liebhaber von ETFs: »Warum soll ich mir viel Arbeit mit der Unternehmensanalyse machen, wenn ich auch einen ganzen Korb kaufen kann und direkt weltweit investiert bin?« ETFs können schon mit kleinen Summen ab 25 Euro monatlich bespart werden. Sie sind daher ideal für Menschen mit wenig Startkapital oder auch für Berufseinsteiger, die über die Jahre so ein stattliches Depot aufbauen können. Ein Sparplan über 25 Euro summiert sich bei einer Rendite von 8 Prozent in 20 Jahren mit Zins und Zinseszins auf über 14 000 Euro (exakt 14 323,49 Euro), und das bei eingezahlten 6 000 Euro.

Vorteil Nummer drei: ETFs sind kostengünstig. Sie haben geringe laufende Kosten und oft niedrigere Verwaltungskosten als aktiv gemanagte Fonds. Mit »aktiv« ist gemeint, dass sich ein Fondsmanager fortlaufend um die Zusammenstellung eines Fonds kümmert und versucht, »den Index zu schlagen«, also eine höhere Rendite zu erwirtschaften. In der Praxis gelingt das jedoch nur einer Minderheit. Die geringeren ETF-Gebühren wirken sich besonders im Vergleich zum häufigen Kauf und Verkauf von Einzelaktien aus, da dort jedes Mal Ordergebühren anfallen. »Hin und Her macht Taschen leer«, lautet ein alter Börsenspruch. Achte deshalb auf die Ordergebühren deines Brokers, da sie sich über die Jahre summieren und deine Rendite schmälern können. Allerdings gibt es heute viele Broker (z. B. digital operierende Neo-Broker), die geringe oder gar keine Ordergebühren verlangen. Außerdem sind höhere Orderkosten dann zu verschmerzen, wenn du durch kluge Investitionen in Einzelaktien eine höhere Rendite erwirtschaftest. Das relativiert die alte Börsenweisheit.

Mit ETFs vermeidest du also das höhere Risiko der Einzelaktien. Die bieten im Gegenzug die Chance auf hohe Gewinne, während man bei ETFs langfristig eher mit einer Rendite von etwa 6 bis 8 Prozent über zehn Jahre rechnet. Das ist solide und allemal mehr als auf Festgeldkonten oder gar Sparbüchern. Aber es bleibt überschaubar, setzt einen längeren Zeithorizont voraus und verzichtet auf jede persönliche Auswahl von Unternehmen. Für mich stellt sich bei Aktien und ETFs daher nicht die Frage eines »Entweder-oder«, sondern meine Empfehlung ist »Sowohl als auch«. Die einzige Frage, die du dir stellen solltest, lautet: In welchem prozentualen Verhältnis möchtest du investieren? Das hängt von deiner persönlichen Risikofreudigkeit ab und von der Zeit, die du für Unternehmensanalysen einsetzen möchtest. Eine Faustregel lautet außerdem, maximal zu einem Prozentanteil von »100 minus Lebensjahre« in Einzelaktien zu investieren. Wenn du 35 Jahre alt bist, wären das also bis zu 65 Prozent. Bist du 55, reduziert sich diese Obergrenze auf 45 Prozent. Hintergrund ist, dass im höheren Alter zwischenzeitliche Durststrecken durch Kursverluste schlechter auszusitzen sind.

Neben Aktien oder ETFs kannst du an der Börse auch Anleihen kaufen. Du kannst das wörtlich nehmen: Mit einer solchen Anleihe leihst du dem Herausgeber – einem Unternehmen oder einem Staat bzw. dessen Regierung – für einen festgelegten Zeitraum Geld. Dafür bekommst du vorher vereinbarte Zinsen. Deshalb spricht man auch von »festverzinslichen Wertpapieren«. Andere Begriffe dafür sind »Rentenpapier«, »Schuldverschreibung«, »Obligation« oder auch das englische »Bonds«. Wenn du beispielsweise eine Anleihe zum Preis (»Nennwert«) von 100 Euro kaufst und dafür fünf Jahre lang 4 Prozent Zinsen bekommst, würdest du jedes Jahr 4 Euro Zinsen ausgezahlt bekommen. Am Ende der Laufzeit zahlt dir der Herausgeber der Anleihe (der »Emittent«) deine 100 Euro dann zurück. Deine Rendite steht also anders als bei Aktien vorher fest. Allerdings kannst du börsengehandelte Anleihen während der Laufzeit auch an der Börse verkaufen, und dann gibt es auch hier Kursschwankungen. Sind die allgemeinen Zinsen während der Laufzeit gestiegen, sinkt der Preis der Anleihe, da sie nicht mehr so attraktiv ist. Sind die Zinsen dagegen gesunken, ist die höher verzinste Anleihe interessant und steigt im Preis. Das größte Risiko bei Anleihen besteht darin, dass der Herausgeber bankrottgehen könnte. Anders als die meisten ETFs sind Anleihen in diesem Fall nicht bis zu einer Grenze von 100 000 Euro pro Anleger von der Einlagensicherung geschützt. Je größer die wirtschaftliche Stabilität, desto geringer das Ausfallrisiko und desto niedriger daher die Zinsen. Das ist überhaupt eine Grundregel beim

Investieren: Je höher die mögliche Rendite, desto höher auch das Risiko. »Traumrenditen mit null Risiko« gehören ins Land der Märchen und Betrüger. Bundesanleihen der Bundesrepublik Deutschland bringen daher niedrigere Zinsen (2025: 2,67 %)[32] als beispielsweise Anleihen eines Schwellen- oder Entwicklungslandes.

Der Vollständigkeit halber möchte ich dir noch eine letzte Möglichkeit vorstellen, an der Börse aktiv zu sein: Optionen. Das Wort Option bedeutet »Möglichkeit«. Mit einer Option sicherst du dir die Möglichkeit, eine Aktie zu einem festgelegten Preis innerhalb eines bestimmten Zeitraums zu kaufen oder zu verkaufen. Es gibt zwei Richtungen:

- Mit einer Call-Option setzt du auf steigende Kurse.
- Mit einer Put-Option setzt du auf fallende Kurse.

Eine Option bezieht sich dabei immer auf ein Paket von 100 Aktien. Dafür zahlst du eine Optionsprämie – eine Art Reservierungsgebühr. Wenn der Kurs sich so entwickelt, wie du erwartest, steigt der Wert deiner Option. Du kannst sie dann entweder ausüben oder mit Gewinn weiterverkaufen. Läuft der Kurs aber gegen dich, verfällt deine Option am Ende – sie ist wertlos. Dein Verlust ist dann die gezahlte Prämie. Daneben kannst du Optionen nicht nur kaufen, sondern auch verkaufen (»schreiben«). Dann kassierst du zwar die Prämie, verpflichtest dich aber im Gegenzug, die Aktie im Zweifel auch wirklich zu liefern oder abzunehmen. Das Risiko ist hier sogar noch höher und kann theoretisch unbegrenzt sein. Zusammengefasst kannst du dir Optionen wie eine Reservierung mit Gebühr vorstellen: Du zahlst, um dir einen Preis zu sichern. Wenn der Markt in deine Richtung läuft, machst du ein gutes Geschäft. Wenn nicht, verfällt die Reservierung – und deine Gebühr ist verloren.

Optionen sind also ein starkes Hebelwerkzeug. Sie können hohe Gewinne bringen, aber auch hohe Verluste verursachen – bis hin zum Totalverlust. Wer sie einsetzt, sollte sich des Risikos bewusst sein und Verluste verschmerzen können. Und wie immer gilt auch hier: Starte niemals ohne solides Vorwissen. Wenn du dieses Buch liest, haben wir möglicherweise bereits einen Optionskurs im Angebot – schau einfach auf meine Website.

## Nicht »reich über Nacht«, sondern beharrlicher Vermögensaufbau

Vielleicht schwirrt dir gerade ein wenig der Kopf von all den neuen Infos. Mit dem Geldanlegen ist es wie mit dem Autofahren. In der ersten Fahrstunde zweifeln wir, dass wir »das alles« jemals schaffen werden. Ein halbes Jahr später träumen wir von einem Sportwagen 😉. Alles eine Frage der Routine. Gib dir Zeit. In meinem Mentoring starten die Teilnehmerinnen auch erst nach etlichen Wochen durch, nach einem intensiven Erfahrungsaustausch mit vielen Aha-Momenten. Eins steht dabei fest: Es gibt keine Zauberformel für mühelosen Reichtum über Nacht. Was mich zu einer spannenden Frage führt, die mir manchmal gestellt wird: Wie lange dauert es eigentlich, »reich« zu werden?

Reichtum ist ein dehnbarer Begriff. Für die eine wären 100 000 Euro auf dem Konto unvorstellbarer Reichtum, für eine andere ist selbst eine Million nicht viel. Glaube mir, man gewöhnt sich an alles, auch an große Zahlen. Ich spreche lieber von finanzieller Freiheit als von Reichtum. Finanziell frei bist du in meinem Verständnis, wenn du die volle Kontrolle über deine finanzielle Zukunft hast und in der Lage bist, deine Ziele und Träume zu verfolgen, ohne von äußeren finanziellen Zwängen beeinträchtigt zu werden. Was das in Zahlen bedeutet, siehst du möglicherweise anders als deine Nachbarin, Freundin oder Kollegin. Bist du glücklich in einer kleinen Wohnung oder träumst du von einem Haus mit Garten? Möchtest du – so wie ich – viel reisen können, und zwar in alle Welt, oder soll vor allem genug Geld da sein, um das Kulturprogramm deiner Heimatstadt unbeschwert genießen zu können? Im nächsten Kapitel schauen wir uns an, wie du deine finanziellen Ziele konkretisierst.

Doch alle, die finanziell frei sein wollen, haben eines gemeinsam, sofern sie nicht als reiche Erbinnen geboren wurden: Sie stehen vor der Herausforderung, selbst Vermögen aufzubauen.

Vermögensaufbau ist etwas anderes als »sparen«. Sparen bedeutet, regelmäßig etwas Geld beiseitezulegen und auf einem Konto zu parken, wo es dahindämmert und bei niedrigen Zinsen womöglich sogar in seiner Kaufkraft schrumpft. Vermögen aufbauen bedeutet, sein Geld so anzulegen, dass es sich vermehrt – mit anderen Worten: aus Geld mehr Geld zu machen. Das ist gemeint, wenn es heißt, sein Geld »für sich arbeiten zu lassen«. Dazu braucht es Finanzwissen, Kapital zum Anlegen, eine Strategie und Geduld. Einer der Megabestseller unter den Finanzbüchern, geschrieben von Bodo Schäfer, versprach vor zwei Jahrzehnten »Ihre erste Million in 7 Jahren«.[33] Das ist sportlich, aber etwas ganz anderes als »über Nacht«. Ich habe es sogar etwas schneller geschafft, weil wir auf zwei gute Gehälter aufbauen konnten. Außerdem habe ich mich irgendwann ganz auf das Management meiner Finanzen konzentriert und ein Unternehmen gegründet. Doch ob fünf, sieben oder mehr Jahre – wenn du deine Million in 20 Jahren erreichst, wäre das doch auch nicht schlecht, oder? Erlaube dir, groß zu denken!

Es liegt nahe, dass Vermögensaufbau umso leichter ist, je früher du damit beginnst. Dann kann der Zinseszins seine ganze Magie entfalten. Deshalb gibt es in diesem Buch auch ein Kapitel zu »Kinder & Geld« und dazu, wie sinnvoll ein Kinderdepot ist, in das ein Teil der oft großzügigen Geldgeschenke von Patentanten und Großeltern fließt. Gleichzeitig gilt: Es ist nie zu spät, um sich mehr finanziellen Spielraum zu erarbeiten. Mit 35, 45 oder 55 Jahren verfügt man normalerweise über mehr Geld, das man sinnvoll anlegen kann, als im Alter von 15 oder 25. Alles ist besser, als gar nichts zu tun und wie ein Kaninchen vor der Schlange regungslos auf die Rentenlücke zu warten. Ich bin überzeugt davon, dass wir Frauen dafür geboren sind, Vermögen aufzubauen. Geduld, Beharrlichkeit, Gelassenheit – all das, was wir im Alltag brauchen, wenn wir Kinder erziehen und den Überblick über vielfältige Aufgaben in Job und

Privatleben behalten – genau das ist auch beim Vermögensaufbau gefragt.

Hinzu kommt: Heute ist es leichter ist als je zuvor, in Aktien und andere Vermögenswerte zu investieren. Wir müssen nicht mehr einen Broker kontaktieren oder einen Händler an der Parkettbörse anrufen, um Aktien zu erwerben. Wir müssen nicht länger Unmengen von Zeitungen kaufen, um deren Wirtschaftsteil zu studieren, oder brieflich Geschäftsberichte von interessanten Unternehmen anfordern. Heute können wir alles digital verfolgen. Wir können per Knopfdruck, in Echtzeit und ortsunabhängig Aktien und ETFs kaufen, Sparpläne einrichten, Kurse verfolgen, Unternehmensdaten recherchieren. Das bedeutet: Wir alle können an der Börse und von der Börse profitieren. Und so ist es auch einfacher denn je, den Einstieg zu finden.

Ein Beispiel: Meine Haushaltshilfe ist seit Kurzem Aktionärin. Paulina, wie ich sie hier nennen will, hält mir im Alltag mit traumhafter Zuverlässigkeit den Rücken frei. Sie kocht wunderbar, räumt das Haus auf, sieht, wenn der Garten Wasser braucht. Sie macht es möglich, dass ich mittags in Ruhe mit den Kindern essen kann, was mir sehr wichtig ist. Und sie fragte mich irgendwann, womit ich mein Geld verdiene. Also erzählte ich, warum ich dafür brenne, Frauen auf ihrem Weg zu finanzieller Freiheit zu unterstützen. Ich erzählte von Rentenlücke und Vermögensaufbau, und dass jede Frau aktiv werden könne. Paulina bekam große Augen und hakte nach. Ich schenkte ihr meinen Online-ETF-Kurs und wir sprachen immer wieder über verschiedene Fragen. Drei Wochen später eröffneten wir an unserem Küchentisch ein Depot für sie, und Paulina investierte in ihren ersten ETF. Aktuell recherchiert sie zu verschiedenen Unternehmen und stellt eine »Watchlist« für sie interessanter Aktien zusammen. »Ich habe meiner Tochter gesagt, du musst für dein Alter vorsorgen!«, berichtete sie kürzlich: »Hast du schon mal über Aktien nachgedacht?«

## Meine Kernbotschaften

- Verabschiede dich von einem veralteten Bild der Börse, in dem reiche Männer in Maßanzügen ihren Börsenhändler im hektischen Parkettsaal anrufen. Heute kann jeder und jede auch mit überschaubarem Kapital vom heimischen Sofa aus Aktien kaufen. Mach die Börse zu deiner neuen Shoppingmall!
- Aktien sind die lohnendste Anlageform, weil die Börse langfristig nur eine Kursentwicklung kennt: nach oben. Das liegt in der Natur unseres Wirtschaftssystems: Erfolgreiche Unternehmen wollen wachsen und stetig höhere Gewinne erzielen.
- Aktien und ETFs sind ein Kernbaustein des Vermögensaufbaus, denn Vermögensaufbau zielt darauf, aus Geld mehr Geld zu machen. Dazu brauchst du Anlagen mit guten bis sehr guten Renditen.
- Der Kurs einer Aktie wird durch Angebot und Nachfrage bestimmt. Diese unterliegt u. a. Emotionen, Trends und schwer vorhersehbaren äußeren Entwicklungen. Verringert wird das Risiko, wenn du die wirtschaftlichen Kerndaten des Unternehmens kennst und berücksichtigst und deine Investitionen breit streust.
- Mit dem Börsen-Know-how ist es wie mit jedem neuen Thema: Die ersten Schritte sind anstrengend, aber mit jedem Schritt wird es einfacher.
- Je früher du mit dem Vermögensaufbau beginnst, desto leichter kannst du ein großes Vermögen aufbauen, weil der Zinseszins für dich arbeitet. Doch es ist nie zu spät, etwas für deine finanzielle Freiheit zu tun – schon, weil du mit über 40 oder 50 Jahren in der Regel größeren finanziellen Spielraum für Investitionen hast als im Alter von 20.

# 4

# Schritt für Schritt: So wirst du zur erfolgreichen Investorin

*Du bist nicht zu spät dran. Du bist nicht zu dumm.*
*Du bist auch nicht zu arm zum Investieren.*
*Aber du musst Verantwortung übernehmen*
*für dein Geld.*

Wann hast du das letzte Mal gedacht, »Wenn ich mehr Geld hätte, würde ich ...«? Ich habe das früher oft gedacht. Eine besonders schmerzliche Situation erlebte ich vor 15 Jahren, als ich gemeinsam mit meinem Bruder meine Großmutter besuchte. Sie lebte in Russland, in einem kleinen Dorf. Bei ihrem letzten Besuch sahen meine Eltern, wie schlecht es ihr ging und wie miserabel die anschließende Versorgung im Krankenhaus war, in das sie sie brachten. Schließlich lief das Visum meiner Eltern ab, und mein Bruder und ich machten uns auf den Weg. Als wir nach einer Tagesreise bei unserer Großmutter ankamen, bestätigten sich unsere schlimmsten Befürchtungen. Sie lag im Bett, in einem sehr kritischen Zustand und kaum ansprechbar. Dass sie medizinisch nicht gut versorgt wurde, war unübersehbar. Sie starb noch während unseres Aufenthaltes. »Wenn ich Geld hätte, würde ich sie ausfliegen lassen«, dachte ich damals, »mit dem Krankenwagen zum nächsten Flughafen und von dort sofort in eine private Klinik.« Doch daran war nicht zu denken – aus Mangel an Geld.

Wenn wir uns auf den Weg machen, nun Schritt für Schritt den Aufbau deines Vermögens anzugehen, möchte ich, dass du Folgendes im Hinterkopf behältst: Es geht nicht um das Geld, es geht nicht um die Zahlen an sich. Es steckt viel mehr dahinter. Es geht um die Freiheit, um die Möglichkeiten, die dir dieses Geld verschafft. Das kann eine bessere Gesundheitsversorgung sein oder die Freiheit, dich weiterzubilden und einen ungeliebten Job zu kündigen. Die Freiheit, Menschen und Projekte zu unterstützen, die dir am Herzen liegen. Und auch die Freiheit, dich aus Situationen zu lösen, die dir nicht guttun. Allein der Gedanke, dass das möglich ist, macht dich stärker – und lohnt den Aufwand, dich intensiv mit deiner finanziellen Lage und deinen Zielen zu beschäftigen.

## Schritt 1: Bringe Klarheit in deine Finanzen

Dein erster Schritt zur erfolgreichen Investorin ist ein Kassensturz: Wie viel Geld hast du monatlich zur Verfügung, und wo fließt es hin? Davon hängt ab, wie viel du investieren kannst. Meine Erfahrung ist, dass nur wenige Menschen einen detaillierten Überblick über ihre Finanzen haben. Bevor ich mein Herz für die Börse entdeckte, war ich selbst das beste Beispiel: Auch als mein Mann und ich sehr gut verdienten, gaben wir unser Geld Monat für Monat aus. Wenn du dir einen Überblick über deine Finanzen verschaffst, bist du am Ende dieses Abschnitts schon weiter als geschätzt 90 Prozent der Bevölkerung. Beginnen wir mit einer Einnahmen-/Ausgaben-Bilanz. Auch dieses Formular kannst du über den QR-Code am Ende des Buches als PDF herunterladen.

## Einnahmen

| | |
|---|---|
| Nettogehalt | ........................ € |
| Weihnachtsgeld oder Bonus (geteilt durch 12) | ........................ € |
| Kindergeld | ........................ € |
| Nebenverdienst | ........................ € |
| Mieteinnahmen | ........................ € |
| Sonstiges | ........................ € |
| **Summe monatliche Einnahmen** | ........................ **€** |

## Ausgaben

| | |
|---|---|
| Wohnkosten (Miete oder Kreditraten, Nebenkosten) | ........................ € |
| Lebensmittel | ........................ € |
| Kleidung | ........................ € |
| Versicherungen | ........................ € |
| Mitgliedschaften | ........................ € |
| Abonnements | ........................ € |
| Tank fürs Auto und/oder ÖPNV | ........................ € |
| Freizeit (Restaurant, Kino, Theater, Ausflüge usw.) | ........................ € |
| Haustier (Futter, Tierarzt) | ........................ € |
| Kredit- und/oder Leasingraten | ........................ € |
| Urlaubsreisen (geteilt durch 12) | ........................ € |
| Sonstiges | ........................ € |
| **Summe monatliche Ausgaben** | ........................ **€** |

---

**Ergebnis (Einnahmen minus Ausgaben)** ........................ **€**

Wenn du schwer einschätzen kannst, wie hoch deine Ausgaben für bestimmte Posten wie Kleidung, Lebensmittel oder Freizeitaktivitäten sind, führe mindestens drei Monate lang ein Haushaltsbuch, in das du all deine Ausgaben einträgst. Summen, die nur einmal jährlich anfallen (wie z. B. ein langer Urlaub auf der Ausgabenseite oder dein Weihnachtsgeld auf der Einnahmenseite) teilst du durch 12 und legst sie auf die Monate um. Ein Haushaltsbuch zu führen, mag altmodisch klingen, hat sich aber als so nützlich erwiesen, dass es längst einschlägige Apps mit Namen wie Finanzguru, Woolsocks oder MoneyControl gibt.[34] Eine Excel-Tabelle oder ein einfaches Schulheft tun es jedoch auch. Möglicherweise wirst du erstaunt sein, wie hoch manche deiner Ausgaben ausfallen, und gleichzeitig Einsparpotenziale entdecken, beispielsweise nicht mehr genutzte Mitgliedschaften oder Abonnements. Schon mit dem Gegenwert eines täglichen Coffee-to-go lässt sich beispielsweise ein ETF besparen. Steht in deiner Bilanz am Ende ein Minus, solltest du dringend Sparmöglichkeiten suchen und nutzen. Idealerweise endet deine Einnahmen-Ausgaben-Rechnung nicht nur im Plus, sondern mit einem Überschuss von mindestens zehn Prozent, die du beiseitelegen kannst. Betragen deine Einnahmen 2000 Euro monatlich, wäre das eine Sparsumme von 200 Euro.

Auch wenn viele Produktanbieter vom Elektronikhandel bis zum Möbelhaus uns etwas anderes einreden und mit niedrigen oder gar »0 Prozent«-Zinsen werben: Konsumschulden sind ein Fehler. Damit manövrierst du dich in finanzielle Abhängigkeit, statt an deiner finanziellen Freiheit zu arbeiten, denn das Geld, das du für Ratenzahlungen ausgibst, kannst du nicht investieren und vermehren. Wenn dein Kauf dann irgendwann abbezahlt ist, muss er womöglich schon durch ein neues Produkt ersetzt werden, ob Smartphone oder Schlafzimmergarnitur. Dein Einsatz ist »verkonsumiert«, statt sich zu vermehren. Natürlich gibt es auch Schulden, die Sinn ergeben, weil sie eine Investition für die Zukunft bedeuten, beispielsweise die Aufnahme eines Studienkredits oder der Erwerb einer Immobilie, die aller Voraussicht nach im Wert steigen wird. Der erste Schritt auf der Glücksleiter zur finanziellen Freiheit ist jedoch der Abbau von Konsumschulden. Fun Fact: Bevor ich anfing, ernsthaft zu investieren, träumte ich von einer neuen Küche, die die übernommene Einrichtung mit blauen Fronten in unserem Haus ersetzen sollte. Inzwischen reizt mich der Blick auf mein wachsendes Depot weit mehr, als es die schönste Küche je könnte – obwohl die inzwischen finanziell problemlos drin wäre.

Wenn du einen Überblick über deine Einnahmen und Ausgaben gewonnen hast, empfehle ich dir, als Erstes mindestens zehn Prozent deiner Einnahmen für den Aufbau einer finanziellen Reserve von drei Monatsausgaben zu nutzen. Damit meine ich einen Notgroschen für unvorhergesehene Ereignisse, z. B. eine Kündigung, eine längere Krankheit oder das Zerbrechen einer Beziehung. Natürlich hoffen wir alle, dass so etwas nie eintritt, und ich wünsche dir auch sehr, dass du verschont bleibst. Aber für den Fall der Fälle ist es gut, gewappnet zu sein. Ob dir drei Monate genügen oder ob du dich mit einem Polster von sechs Monaten sicherer fühlst, hängt von deinen Lebensumständen und deinem Sicherheitsbedürfnis ab.

So berechnest du deine finanzielle Reserve:

| | | | | |
|---|---|---|---|---|
| ................€ | × | 3 Monate | = | ................€ |
| Deine monatlichen Ausgaben | | (Alternativ: 6 Monate) | | Deine finanzielle Reserve |

Um das an einem Beispiel zu verdeutlichen: Lisa hat monatliche Ausgaben von 2800 Euro. Ihre 3-Monatsreserve beträgt also 8 400 Euro. (Wollte sie sich für sechs Monate absichern, bräuchte sie das Doppelte, also 16 800 Euro.) Diese Summe parkt sie auf einem Sparkonto oder Tagesgeldkonto, damit sie jederzeit Zugriff darauf hat. Da Lisas Nettogehalt 3 200 Euro monatlich beträgt, kann sie monatlich per Dauerauftrag sogar mehr als 10 Prozent ansparen, nämlich 400 Euro. Für den Aufbau einer 3-Monatsreserve (8 400 Euro) bräuchte sie daher maximal 21 Monate. Weil sie bereits 3000 Euro Rücklagen besitzt und ihre Sparquote in manchen Monaten auf 500 Euro erhöhen kann, steht Lisas Reserve bereits nach einem Jahr.

Um besser im Griff zu haben, wohin dein Geld fließt, bietet sich außerdem das »Töpfe-Modell« an. Der Grundgedanke dieses bewährten Konzeptes: Statt von einem Konto alle Ausgaben zu bedienen, verteilst du deine Einnahmen gleich am Monatsanfang auf verschiedene Töpfe. Du machst also wie ein Unternehmen deine persönliche Finanzplanung. Der Trick dabei: Was unmittelbar in bestimmte Töpfe fließt, z. B. in einen Spar- oder Investitionstopf, kannst du nicht anderweitig ausgeben. Du wirst es zudem kaum vermissen – was weg ist, ist weg. Deiner Miete trauerst du ja auch nicht Monat für Monat hinterher.

Das einfachste Modell besteht aus vier Töpfen:

1. Fixkosten-Topf (50–60 Prozent deiner monatlichen Einnahmen)
   Gut die Hälfte deiner Einnahmen bleibt auf dem Girokonto. Von dort werden feste Ausgaben wie Lebensmittel, Miete, Nebenkosten, Versicherungen usw. gedeckt.

2. Spaß-und-Freizeit-Topf (20 Prozent)
   Kleidung, Restaurantbesuche, Wochenendtrips, Kinotickets usw. werden aus diesem Topf bezahlt. Dazu kannst du ein separates Konto einrichten oder dein Freizeitbudget bar in einem Gefäß zu Hause aufbewahren. So hast du immer im Blick, was diesen Monat noch drin ist und was warten muss.

3. Spartopf (20 Prozent)
   Ein Fünftel deiner Einnahmen sollte auf ein Sparkonto fließen, mit dem du deine finanzielle Reserve (den Notgroschen) aufbaust und gleichzeitig für große Ausgaben (z. B. eine Traumreise oder neue Möbel) sparst. Dieses Sparkonto ist tabu und wird nicht angetastet, bis du deine Sparziele erreicht hast. Die notierst du am besten schriftlich.

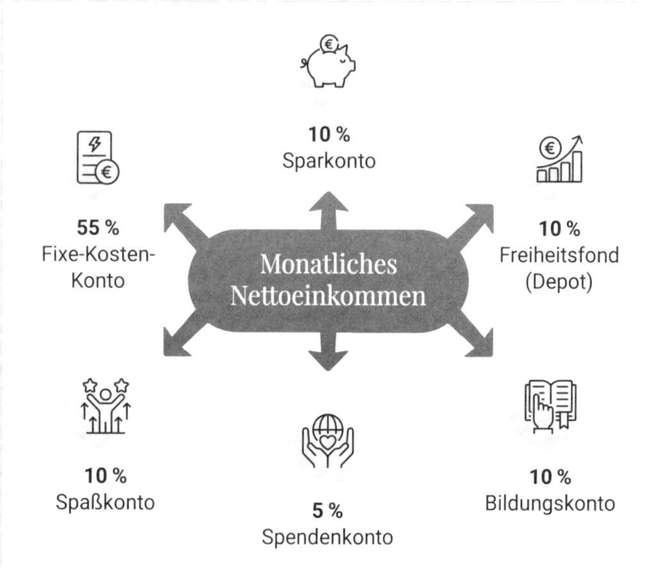


Abb. 8: Töpfe-Modell mit 6 Konten

4. Investitionstopf (10 Prozent)
   Ein Zehntel deiner Einnahmen nutzt du für deinen Vermögensaufbau, also für die Investition in Aktien, ETFs oder andere Anlageformen. Wenn du bereits ein Depot bei einer Bank oder einem Broker eingerichtet hast, verwendest du dafür am besten das zugehörige Verrechnungskonto. Und natürlich dürfen es auch gern mehr als zehn Prozent sein. 😊

Die meisten Menschen geben ihr Geld einfach aus und schauen, was am Monatsende übrigbleibt. Meist steigen mit ihren Einnahmen auch ihre Ausgaben. Jede Gehaltserhöhung wird z. B. aufgefressen durch mehr Konsum. Mit dem Töpfe-Modell entscheidest du bewusst und im Vorhinein, wie du dein Geld verwenden möchtest, und sobald du entsprechende Konten und Daueraufträge eingerichtet hast, läuft das Ganze automatisch. Du musst also nicht ständig Spardisziplin aufbringen. Wie viele Töpfe du brauchst und wie viel Prozent deiner Einnahmen du ihnen konkret zuweist, hängt von deinen finanziellen

Möglichkeiten und deinen persönlichen Zielen ab. Abbildung 8 zeigt ein Beispiel für ein etwas umfangreicheres Töpfe-Modell, das regelmäßige Spenden und Weiterbildungskosten (z. B. für Bücher, Weiterbildungen, Coachings) einplant. Den Investitionstopf habe ich hier nicht ohne Grund als »Freiheitsfonds« bezeichnet – schließlich heißt unser Buch (und auch mein Unternehmen) »Investiere dich frei«. Wir schauen uns noch an, was das konkret bedeutet und wie es deine finanziellen Zielsetzungen beeinflussen kann.

## Schritt 2: Setze dir smarte Ziele

Kennst du die »Ich-müsste-mal-Falle«? Sie schnappt immer dann zu, wenn es um Dinge geht, die wir nicht sonderlich gerne tun: »Ich müsste mal mehr Sport treiben« oder »Ich müsste mal mehr Geld sparen«. Vage Vorsätze versickern im Alltag so schnell wie Wasser im Sand. Seit Langem empfehlen Erfolgscoaches daher, sich smarte Ziele zu setzen. »Smart« steht dabei für die besonderen Eigenschaften kluger Ziele:

| | Eigenschaft | Bedeutung | Beispiel |
|---|---|---|---|
| **S** | Spezifisch | So konkret wie möglich | *»Für die Business-Fortbildung ...* |
| **M** | Messbar | Eindeutig (z. B. anhand von Zahlen) nachzuverfolgen | *spare ich ab sofort monatlich 250 Euro ...* |
| **A** | Attraktiv | Reizvoll für dich | *als ersten Schritt in meine finanzielle Bildung.* |
| **R** | Realistisch | Herausfordernd, aber machbar | *Dafür reduziere ich ebenfalls ab sofort mein Spaßkonto um monatlich 150 Euro ...* |
| **T** | Terminiert | Mit einem Datum für die Zielerreichung versehen | *um im Dezember 2026 die Fortbildung für 2027 buchen zu können.«* |

»Smarte« Ziele

Ein Ziel ist ein Traum mit einem Termin, heißt es. Das allein genügt aber nicht. Die SMART-Formel kombiniert die Terminsetzung mit wichtigen weiteren Kriterien wie Ziel-Attraktivität und konkreten Maßnahmen (»Messbarkeit«). Das gilt für vergleichsweise kleine Ziele wie eine geplante Anschaffung, aber auch für große Ziele, etwa für deine finanzielle Absicherung im Ruhestand. »Ich möchte als Rentnerin genug Geld zum Leben haben« ist nicht mehr als ein schwammiger Wunsch. Ein smartes Ziel wird daraus, sobald du konkret wirst: Wann gehst du in Rente? Was heißt »genug Geld«? Wie viel fehlt dir bislang, und wie kannst du das ändern? So könnte dein smartes Ziel lauten:

- Zu meinem 67. Geburtstag werde ich in Rente gehen. Ich benötige dann 2000 Euro im Monat zum Leben.
- Meine voraussichtliche Netto-Rente beträgt 1400 Euro. Das ergibt bis zu meinem 85. Geburtstag eine Rentenlücke von 129600 Euro (18 Jahre × 12 Monate × 600 €/Monat).
- Um diese Lücke zu schließen, habe ich 25 Jahre Zeit. Deshalb bespare ich ab sofort monatlich einen ETF-Sparplan mit 227 Euro.

Bei der Berechnung der monatlichen Sparrate bin ich extrem vorsichtig von 6 Prozent Rendite für den besparten ETF ausgegangen. Bei 8 Prozent Rendite würde deine Sparrate auf 183 Euro monatlich sinken. Ausrechnen kannst du solche Ergebnisse beispielsweise mit einem »Finanzielle Ziele Rechner«, den du unter https://extraetf.com/de/calculator/financial-goals im Internet findest.

Apropos Attraktivität: Je intensiver du dir ein begehrtes Ziel vorstellst, desto mehr Motivationskraft entfaltet es. Dazu kannst du ein »Vision Board« nutzen – eine Pinnwand oder einen großen Bogen Papier, wo du Bilder deiner Ziele anheftest. Vielleicht stellst du dir vor, dich in 20 Jahren nicht mit einem Rentnertrip ins Sauerland zu begnügen, sondern deinen Urlaub unter Palmen an einem Traumstrand verbringen zu können. Auch wenn du von einem Haus im Grünen oder einer schicken Wohnung in der Innenstadt träumst, findest du dazu im Internet oder in einer Zeitschrift bestimmt das perfekte Foto. Dasselbe gilt für alle Ziele, die dein Leben bunter und schöner machen und Geld kosten, vom eigenen Pferd bis zum Wohnmobil – was immer du dir wünscht. Ich habe bis heute ein solches Vision Board gut sichtbar daheim aufgehängt und aktualisiere es laufend. Einen meiner langjährigen Träume – meine engste Familie mit Mutter, Schwiegermutter und Schwester zu einer Kreuzfahrt einladen zu können – habe ich um den Jahreswechsel 2025/26 gerade Wirklichkeit werden lassen. Und damit ist Platz für neue Ziele! 😊

Ich empfehle dir, deine kurzfristigen, mittelfristigen und langfristigen Ziele schriftlich festzuhalten und jeweils geeignete Maßnahmen zu planen. Mühsam? Finde ich nicht. Klar macht das Arbeit, aber es ist weit angenehmer, als eines Morgens aufzuwachen und festzustellen, dass finanzielle Zwänge dir die Luft abschnüren. Mit Planung bist du stets Herrin der Lage und arbeitest konsequent auf deine finanzielle Freiheit hin. Wenn du früh genug damit anfängst, ist Konsequenz dabei wichtiger als große Summen. Deshalb schlage ich dir vor: Formuliere mindestens drei konkrete Ziele mit unterschiedlichem Zeithorizont für deine Finanzplanung und plane auch gleich entsprechende Maßnahmen. Dafür kannst du das folgende Arbeitsblatt nutzen. Zur Erläuterung: Kurzfristige Ziele haben einen Zeithorizont von 1 bis 3 Jahren, mittelfristige von 3 bis 10 Jahren und langfristige von 20 bis 40 Jahren. Deine Investitionen sollten darauf abgestimmt sein. Für kurzfristige Ziele (wie z. B. eine geplante Hochzeit) muss das Geld zum geplanten Zeitpunkt sicher verfügbar sein. Hier bieten sich eher Tagesgeldkonten oder Festgeldkonten mit möglichst hohem Zinssatz an. So sicherst du dir hoffentlich zumindest den Inflationsausgleich. Im Internet kannst du recherchieren, welche Bank momentan die höchsten Zinsen zahlt. Achte dabei darauf, dass die europäische Einlagensicherung greift, mit der bis zu 100 000 Euro Bankguthaben geschützt sind. Hast du mehr Zeit zur Verfügung (wie beim langfristigen Aufbau deiner Altersvorsorge) und bist flexibler beim Abrufen des Kapitals, sind ETFs oder Einzelaktien eine Möglichkeit. Bei mittelfristigen Zielen (z. B. dem Kauf einer Immobilie) kannst du dann auf Aktien und andere in ihrer Rendite schwankende Anlagen setzen, wenn du gut informiert bist, erste Erfahrungen gesammelt hast und über eine solide Investitionsstrategie verfügst.

### Meine Ziele

| Meine kurzfristigen Ziele (1–3 Jahre) | Monatliche Sparrate* und Anlageform |
|---|---|
| .................. bis .................. | ............ €/Monat auf ............ |
| .................. bis .................. | ............ €/Monat auf ............ |
| **Meine mittelfristigen Ziele (3–15 Jahre)** | **Monatliche Sparrate und Anlageform** |
| .................. bis .................. | ............ €/Monat auf ............ |
| .................. bis .................. | ............ €/Monat auf ............ |
| **Meine langfristigen Ziele (16–40 Jahre)** | **Monatliche Sparrate und Anlageform** |
| .................. bis .................. | ............ €/Monat auf ............ |
| .................. bis .................. | ............ €/Monat auf ............ |

* Für die Errechnung der Sparraten nutze den erwähnten Zielerechner unter https://extraetf.com/de/calculator/financial-goals

## Schritt 3: Denke groß!

Dieses Buch heißt nicht umsonst »Investiere dich frei«. Wann würdest du dich finanziell frei fühlen? Höre ich mich dazu um, lautet die Antwort häufig: »Wenn ich von den Zinsen leben kann!« Für viele Menschen ist dies übrigens auch die Definition von Reichtum:

Reich ist, wer nicht arbeiten muss, sondern von dem leben könnte, was sein Vermögen an Rendite abwirft. Heute spricht man in diesem Zusammenhang auch von »passivem Einkommen«. Wie viel Kapital du benötigst, um von den Kapitalerträgen (Zinsen bzw. Rendite) leben zu können, hängt von zwei Faktoren ab:

1. der monatlichen Summe, die du brauchst, um das Leben zu führen, das dir vorschwebt, und
2. der von dir erwirtschafteten Rendite.

In der Monatsbilanz weiter oben auf Seite 74 hast du deine regelmäßigen Ausgaben ermittelt. Das ist ein guter Ausgangspunkt für deine »Freiheitsrechnung«. Ich schlage dir vor, zunächst einen festen Betrag pro Monat für unvorhergesehene Ausgaben und gelegentliche Sonderwünsche zu addieren. Viele meiner Mentees setzen hier einen Betrag von 500 Euro monatlich an. Damit fühlen sie sich »auf der sicheren Seite«, wenn die Waschmaschine kaputt ist, wenn zu einem besonderen Anlass ein Trip nach New York geplant wird oder wenn es einmal die noble Designerjacke sein soll. Entscheide selbst, ob dein Sicherheitspuffer höher oder niedriger sein sollte. Die folgende Rechnung ergibt den Jahresbetrag für deine finanzielle Sicherheit.

| ............... € | + | ............... € | × 12 | = | ............... € |
|---|---|---|---|---|---|
| Deine monatlichen Ausgaben | | Monatlicher Sicherheitspuffer | | | Jahresbetrag finanzielle Sicherheit |

In unserem Beispiel von oben würde das bedeuten: Lisa möchte zu ihrem monatlichen Bedarf von 2 800 Euro monatlich noch 500 Euro Puffer zur Verfügung haben. Das macht 3 300 Euro monatlich oder 39 600 Euro jährlich. Um diese Summe als passives Einkommen zu erzielen, wären bei einer Rendite von 8 Prozent 495 000 Euro Kapital erforderlich. Das erforderliche Kapital erhältst du, wenn du den Jahresbetrag durch die Rendite (in diesem Fall also durch 0,08) teilst. Erwirtschaftet Lisa eine höhere Rendite von 15 Prozent, reduziert sich das erforderliche Kapitel dafür erheblich, und zwar auf 264 000 Euro (39 600 € geteilt durch 0,15).

Ist damit die finanzielle Freiheit erreicht? Wärst du unter solchen Bedingungen am Ziel deiner Träume? Ich denke, die meisten Frauen würden das verneinen. Finanzielle Freiheit bedeutet, tatsächlich nicht mehr über Ausgaben nachdenken zu müssen, sondern sich alle Bedürfnisse und Wünsche einfach erfüllen zu können. Auch da sind die Menschen natürlich unterschiedlich. Erlaube dir einmal zu träumen: Wie sähe dein ideales Leben aus? Vielleicht wünscht du dir Entlastung durch eine Haushälterin oder einen Gärtner. Vielleicht möchtest du eine privat zu finanzierende Aus- oder Weiterbildung machen oder größere Summen an Organisationen spenden, die dir am Herzen liegen. Vielleicht würdest du gern jedes Jahr eine spannende Fernreise machen oder in ein schönes Haus ziehen. Schreibe eine Liste solcher Wünsche und addiere die geschätzten Kosten. Bei Immobilien, die du in Raten finanzierst, teile den Kaufpreis samt Nebenkosten durch 120. Damit definierst du einen Zeithorizont von zehn Jahren für die Tilgung des Kredits. Auch Ausgaben für Luxusartikel, die du dir weiterhin gönnen willst, gehören in die Liste. Wenn du alle Summen addierst und mit 12 multiplizierst, erhältst du das passive Einkommen, das du für diesen Lebensstil benötigst. Die folgende Tabelle kannst du wieder auf meiner Website www.investieredichfrei.de herunterladen.

Nehmen wir noch einmal das Beispiel von Lisa. Einnahmen von 39 600 Euro pro Jahr würden für sie finanzielle Sicherheit bedeuten. Für ihre finanzielle Freiheit kämen folgende Summen dazu: 8 000 Euro für Reisen, 30 000 Euro zur Finanzierung ihrer Traumimmobilie, 6 000 Euro für Hilfe im Haushalt. Zusammen ergibt das ein Jahresbudget von 83 600 Euro. Bei einer Rendite von 8 Prozent benötigt Lisa ein Kapital von 1 045 000 Euro, um dieses passive Einkommen zu erzielen (83 600 geteilt durch 0,08). Bei einer Rendite von 15 Prozent sind es 557 333 Euro. Das ist ambitioniert, aber bei

## Meine Jahresplanung

| | |
|---|---|
| Dein Jahresbetrag für finanzielle Sicherheit | ...................... € |
| Plus jährliche Ausgaben für ... | |
| • Mitarbeiter oder Unterstützung im Haushalt | ...................... € |
| • Spenden | ...................... € |
| • Aufwändige Reisen | ...................... € |
| • Immobilienrate<br>(Preis geteilt durch 120 und dann mal 12) | ...................... € |
| • Ausgaben für andere Luxusartikel | ...................... € |
| • Sonstiges | ...................... € |
| **Summe – Dein Jahresbetrag für finanzielle Freiheit** | ...................... € |

konsequenter Investition langfristig durchaus machbar. In einem Zeithorizont von 20 Jahren wäre bei einer Rendite von 15 Prozent eine monatliche Investition von knapp 420 Euro erforderlich. Nicht eingerechnet sind dabei größere Summen, die durch vorhandene Ersparnisse, Erbschaften, Gehaltserhöhungen oder Zuwendungen (etwa von Eltern) zur Verfügung stehen und die monatliche Investitionsrate senken würden.

Dies sind nur grobe Überschlagsrechnungen. Nicht berücksichtigt habe ich die Inflationsrate, die deine Rendite schmälert, und zwar um 2 Prozent jährlich, sofern die Europäische Zentralbank diese selbst gesetzte Zielmarke zukünftig erreicht. Auch die Steuer auf Kapitalerträge, die jenseits des Freibetrags von 1 000 Euro pro Person 25 Prozent (mit Soli 26,375) Prozent betragen, habe ich hier nicht angesetzt. Hinzu kommt auch noch die Kirchensteuer mit je nach Bundesland 8 bis 9 Prozent auf diese Steuern. Ich gehe der Einfachheit halber davon aus, dass du vielleicht nicht komplett aufhörst zu arbeiten und daher dein Grundkapital über die Jahre laufend etwas aufstocken kannst, um diese Abzüge auszugleichen.

Wenn es also eine grobe Überschlagsrechnung ist, warum stelle ich sie dann überhaupt an? Ganz einfach: Ich möchte, dass du dich an große Zahlen gewöhnst. Und ich möchte, dass du aufhörst zu träumen und anfängst zu planen! Wenn wir konsequent rechnen und konsequent handeln, können wir Unglaubliches erreichen. Bill Gates hat angeblich gesagt, dass Menschen überschätzten, was sie in einem Jahr erreichen können, und unterschätzten, was sie in zehn Jahren erreichen können. Gerade in Finanzfragen hat er damit völlig recht!

## Schritt 4: Eigne dir das nötige Wissen an

Als kluge Investorin kennst du deine Möglichkeiten. Solides Wissen über verschiedene Anlageformen, ihre Chancen und mögliche Risiken ist die Grundlage für deinen Erfolg. Du agierst weder aus dem Bauch heraus noch hektisch, sondern planvoll und strategisch. Du verlässt dich nicht auf Berater, deren Eigeninteressen du nicht kennst, sondern handelst eigenverantwortlich. In diesem Zusammenhang kommt mir ein Erlebnis in den Sinn: Vor einiger Zeit fragte ich einen selbstständigen Finanzberater in meinem Bekanntenkreis, was sein Unternehmen den Kunden biete. Die Antwort: »Wir setzen bei mittel- bis langfristigen Investitionen stark auf ETFs. Dazu haben wir verschiedene Kombiprodukte entwickelt. Wir führen mit unseren Kunden ein Gespräch und bieten ihnen dann einen dieser Körbe an, den wir – abhängig vom Budget des Kunden und dessen Risikofreudigkeit – für geeignet halten. Dafür bekommen wir eine Provision.« Ich fragte nach: »Ihr habt also Standardprodukte entwickelt, die ihr verkauft, und ihr macht nichts, was Kunden mit eigener Recherche nicht auch selbst tun könnten?« – »Ja, könnten sie natürlich. Tun sie aber nicht«, lautete die Antwort.

Eine umfassende Investitionsstrategie verlässt sich nicht auf eine einzige Anlageform, auch wenn ETFs und Aktien bei der mittel- bis langfristigen Geldanlage aus meiner Sicht eine Schlüsselrolle spielen sollten. Wenn du selbst erfolgreich ein Vermögen aufbauen möchtest, ruht das in der Regel auf verschiedenen Säulen. Dein Arbeitseinkommen ist eine dieser Säulen. Es verschafft dir das Kapital, das du investieren und vermehren kannst. Aber mit Arbeit allein wirst du nicht reich, wie es oft und zu Recht heißt. Ausnahme: Du verdienst extrem gut und lebst gleichzeitig extrem sparsam. Dann wirst du über Jahre und Jahrzehnte einen größeren Geldbetrag anhäufen können. An der Lebenswirklichkeit der meisten Menschen geht das jedoch vorbei – die meisten von uns möchten ihr Leben genießen, und dafür braucht es Geld. Du solltest daher nicht vergessen, dass deine Investitionsmöglichkeiten zumindest anfangs stark von deinem Gehalt abhängen. Leider scheuen sich viele Frauen bis heute, Forderungen zu stellen und regelmäßig über ihr Gehalt zu verhandeln. Gute Arbeit wird jedoch nur selten ungefragt belohnt. Nutze daher Mitarbeitergespräche und andere Gelegenheiten, bei denen deine Leistung gewürdigt wird, um über Geld zu reden. Wie alles andere lernt man auch das mit der Zeit, und wie für alles andere gibt es auch hierzu Bücher und Tipps im Internet. Als verbeamtete Lehrerin kannte ich selbst beim Gehalt gar keinen Verhandlungsspielraum. Als Unternehmerin musste auch ich erst lernen, meinen Wert genau zu kennen und Preise entsprechend zu verhandeln – passenderweise mit einem Betriebswirt, meinem Mann, an meiner Seite (Abb. 9).

Immobilien sind eine weitere sinnvolle Säule deines Vermögensaufbaus. Mein Mann und ich haben in den letzten Jahren mehr als 50 Wohneinheiten gekauft, die wir vermieten. Die dafür erforderlichen Kredite tilgen wir mit der gezahlten Miete. Unsere Faustregel lautet, dass wir ein Investment dann als erfolgreich betrachten, wenn uns im Schnitt ein Überschuss von 100 Euro pro Wohnung und Monat bleibt. Ist der Kredit getilgt, besitzen wir mit der Immobilie einen Vermögenswert, den wir weiterhin vermieten oder veräußern können. Natürlich sind auch Immobilien keine einfache Gelddruckmaschine. Wie bei Aktien braucht es einen Blick für lukrative Investments, also dafür, welche Immobilien im Wert stabil bleiben

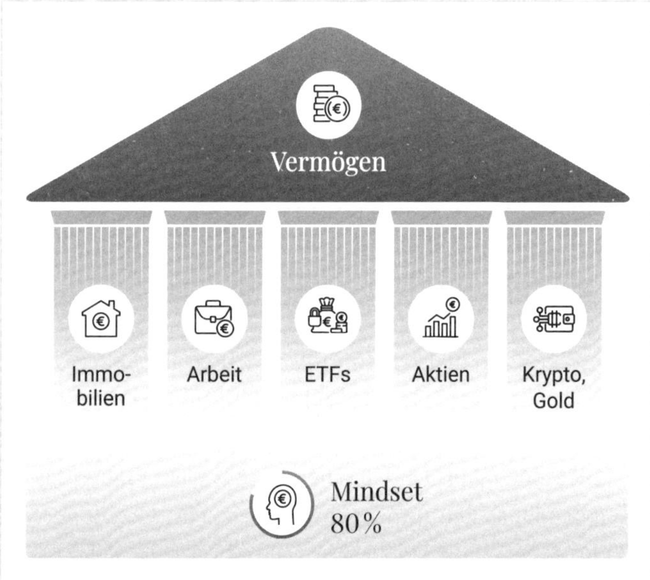


Abb. 9: Die Säulen des Vermögensaufbaus

oder besser noch steigen werden. Du brauchst eine Einschätzung, welcher Preis gerechtfertigt ist und welche Lage dauerhaft attraktiv bleiben wird. »Lage, Lage, Lage«, sagen Makler, wenn man sie nach den drei wichtigsten Bewertungskriterien für Immobilien fragt. Für den Preis eines kleinen Apartments im hippen Großstadtviertel bekommst du in einer strukturschwachen Region mitunter ein ganzes Haus, das womöglich aber schwer zu vermieten oder wieder zu verkaufen ist. Um in Immobilien zu investieren und entsprechende Kredite bewilligt zu bekommen, benötigst du für die Bank außerdem Sicherheiten wie ein gesichertes Einkommen und ein Grundkapitel, das etwa 20 Prozent der Investition abdeckt (etwa 10 Prozent des Kaufpreises und die Kaufnebenkosten wie Grunderwerbssteuer und Notargebühren, die noch einmal rund 10 Prozent des Kaufpreises ausmachen).

In Kapitel 6 vertiefe ich unter anderem das Thema Immobilieninvestments. Außerdem wird es dort um Gold als »Krisenbarometer«

unter den Investments gehen. Der Goldpreis steigt immer dann, wenn andere Anlageformen schwächeln und Zukunftsangst um sich greift. Gold eignet sich daher zur Diversifizierung deiner Anlagen. Um einen Teil deines Geldes in Gold zu investieren, musst du keine Goldbarren zu Hause horten. Ich zeige dir, welche Möglichkeiten du hast. Dasselbe gilt auch für den Bereich Krypto als jüngste und volatilste (stark im Wert schwankende) Anlageform. Der bekannteste Vertreter bei Kryptoanlagen ist der Bitcoin als digitale Währung. Seit Erscheinen hat der Bitcoin atemberaubende Wertzuwächse und rasante Abstürze erlebt, ist inzwischen aber ein Vielfaches des Anfangskurses von 2016 wert. Wenn du ein wenig risikofreudig bist, solltest du ruhig einen kleinen Anteil deines Vermögens in Kryptowährungen anlegen. Das Interesse meiner Mentees war so groß, dass es in meiner Finanzakademie inzwischen einen eigenen Kurs dazu gibt. Basiswissen dazu bekommst du ebenfalls in Kapitel 6, ebenso vertiefende Infos zu ETFs.

Dass du viele Anlagemöglichkeiten hast, bedeutet nicht, dass du alle von jetzt auf gleich nutzen musst. Die Erfahrung mit Hunderten von Mentees spricht vielmehr für ein langsames Herantasten. Du baust Schritt für Schritt dein Wissen aus und sammelst erste Erfahrungen. Dabei lernst du dich selbst besser kennen und testest, wie viel Zeit du in den Vermögensaufbau investieren willst. Gleichzeitig erfährst du, wie risikofreudig du tatsächlich bist. Das lässt sich rein theoretisch kaum sagen. Denn was immer du tust, ich finde, du solltest weiterhin ruhig schlafen können! Viele Frauen werden mit der Zeit mutiger, weil sie mehr wissen und ihr Vertrauen in die eigene Finanzkompetenz wächst. Entscheidend für deinen Vermögensbildung ist außerdem das richtige Mindset, das daher das Fundament des Vermögenshauses bildet. Darunter verstehe ich die Überzeugung, dass Geld haben eine gute Sache ist, dass du es verdient hast, Vermögen zu bilden, und dass du in der Lage bist, dir die nötigen Fähigkeiten anzueignen. Sehr gut lässt sich das am Beispiel meiner bevorzugten Anlage ablesen, die wir im nächsten Kapitel vertiefen: der Aktie.

## Meine Kernbotschaften

- Der erste Schritt zur Vermögensbildung ist die Klarheit über deine Einnahmen und Ausgaben. Dabei hilft dir eine schriftliche Dokumentation – das klassische Haushaltsbuch.
- Bevor du Geld investierst, solltest du einen Notgroschen angespart haben, auf den du jederzeit kurzfristig zurückgreifen kannst. Dafür empfehlen sich mindestens drei, je nach Lebenssituation auch sechs Monatsbudgets.
- Das Töpfe-Modell ermöglicht dir auf einfache Weise eine persönliche Finanzplanung. Du verteilst deine Einnahmen gleich am Anfang des Monats auf verschiedene Konten. So hast du die volle Kontrolle über deine Ausgaben.
- Ein Ziel, das du nicht kennst, kannst du nicht treffen. Mit »smarten« finanziellen Zielen erreichst du mehr, als du dir vermutlich vorstellen kannst. Definiere daher mindestens ein kurzfristiges, ein mittelfristiges und ein langfristiges Ziel und plane deine Anlagen entsprechend.
- Es geht nicht darum, dass du »irgendwie über die Runden kommst«. Ich möchte, dass du groß denkst! Ab welchem Vermögen könntest du von deiner erwirtschafteten Rendite das Leben führen, das du dir wünscht?
- Ein solides Vermögenshaus ruht auf mehreren Säulen, die du in diesem Buch kennenlernst: Gehalt, Aktien, ETFs, Immobilien, Gold, evtl. auch Kryptowerte. Verschaffe dir einen Überblick und triff daraus die Auswahl, die zu dir und deiner Lebenssituation passt.
- Gehe einen Schritt nach dem anderen, sammle Erfahrungen und lerne die Finanzwelt – und dich selbst als Investorin – immer besser kennen. Konsequent dranbleiben ist wichtiger, als mit hohen Summen zu starten.

5

# Einzelaktien: Durchstarten mit Durchblick

*Investieren bedeutet vor allem: verstehen, filtern, entscheiden.*

*Beliebtheit ersetzt keine Analyse.*

Mein Sohn hat sein Sparschwein geschlachtet. Jetzt stapelt er 10-, 20- und 50-Cent-Münzen fein säuberlich zu Ein-Euro-Türmchen auf, Euro-Münzen wiederum zu Zehnertürmen usw. Am Ende wird alles addiert. Im Laufe des Jahres ist eine stolze Summe für einen Elfjährigen zusammengekommen, fast 100 Euro. »Was willst du damit machen?«, frage ich. »Aktien natürlich!«, sagt mein Sohn. Sein Unterton verrät, dass ich seinem Verständnis nach gerade eine reichlich überflüssige Frage gestellt habe. »Und, hast du schon Vorstellungen, welche?«, hake ich nach. »Die besten natürlich!« (Derselbe Unterton.) Kürzer und treffender kann eine Anlageberatung wirklich nicht sein. 😉 Die Details – wie du die »besten«, also im Rahmen deines Investitionshorizonts aussichtsreichsten Aktien ermittelst – erfährst du in diesem Kapitel. Mein Sohn macht sich darüber wenig Kopfzerbrechen, denn noch vertraut er sein Kapitel mir an, damit ich es in seinem Kinderdepot anlege. Doch natürlich sprechen wir gelegentlich darüber, in welche Aktien ich sein Geld investiere. Und das tue ich heute mit sehr viel mehr Durchblick als bei meinem eigenen Start in den Aktienmarkt.

Beginnen wir damit, wie du es nicht machen solltest. Nämlich so, wie ich meine ersten Aktien gekauft habe: spontan und ziemlich unbedarft. Nachdem wir auf unserer Karibikkreuzfahrt von wohlhabenden Bekannten gehört hatten, Aktien seien das Nonplusultra beim Vermögensaufbau, konnte es mir plötzlich gar nicht schnell genug gehen. »So schwer kann es ja nicht sein«, dachte ich: »Wofür gibt es schließlich Experten!?« Also surfte ich bei YouTube durch einschlägige Videos und sammelte heiße Tipps auf Instagram. Ich las Finanzzeitschriften und studierte die Wirtschaftsseiten der Tageszeitung. Ausgerüstet mit diesem Halbwissen aus mehr oder weniger soliden Quellen kaufte ich meine ersten Aktien. Heute muss ich selbstkritisch zugeben: eher auf gut Glück statt wirklich vorbereitet. So holte ich mir drei Unternehmen ins Depot, von denen ich besser die Finger gelassen hätte. Eines davon war das US-Unternehmen QuantumScape. Es ist in der Akkuforschung tätig und entwickelt Akkus, die in Elektroautos verwendet werden können. Das Unternehmen hat seinen Hauptsitz in San José, Kalifornien, und beschäftigt rund 600 Mitarbeiter. Das klang für mich nach Zukunftsbranche, die Selbstdarstellung auf der Unternehmenswebsite war glänzend, und irgendein Experte hatte sich wohlwollend geäußert. Also rein damit ins Depot!

Eingestiegen bin ich im November 2020. Wenn du dir den Kursverlauf im Internet ansiehst, wirst du sehen, dass die Aktie um Weihnachten 2020 ihren Höchststand erreichte. Von da an ging es bergab. Was ich damals nicht wusste: QuantumScape war ein IPO, also erst wenige Monate an der Börse. Folglich gab es keine längerfristigen Erfahrungswerte zur Kursentwicklung, außerdem bestand die Gefahr einer Überbewertung des Newcomers aufgrund des damaligen E-Mobilitätshypes. Aus heutiger Sicht wäre mir das Unternehmen mit einer Marktkapitalisierung von 3,2 Milliarden US-Dollar außerdem viel zu klein. Bei einem kleinen Unternehmen ist das wirtschaftliche Risiko größer, weil es in Krisenzeiten schneller in die Insolvenz abrutschen kann als ein großes Unternehmen, das über stabile Gewinne, stabile Umsätze und mehr Eigenkapital im

Verhältnis zur Kreditaufnahme verfügt. Zum Vergleich: Die Marktkapitalisierung von Tesla, wo man ebenfalls Batterien entwickelt, lag Ende August 2025 bei über 918 Milliarden US-Dollar, fast 300-mal so viel.[35] In den Monaten nach dem Aktienkauf beobachtete ich den QuantumScape-Kurs und sein Sinken fast täglich, freute mich über jedes kleine Zucken nach oben, bevor ich bei sinkendem Kurs wieder haderte: verkaufen oder nicht? Am Ende realisierte ich meine Verluste, d. h. ich verkaufte. Zur Erläuterung: Solange du eine Aktie nicht verkaufst und damit die Möglichkeit besteht, dass ihr Kurs wieder steigt, hast du noch kein Geld verloren. Wirklichkeit (»realisiert«) wird ein Verlust erst, wenn du tatsächlich zu einem niedrigen Kurs verkaufst. Bei QuantumScape verlor ich die Hälfte meines Einsatzes von 2 000 Euro, also etwa 1 000 Euro. Schmerzlich, aber lehrreich, denn ich war angetreten, um zu gewinnen! Wie das funktioniert, ist Thema dieses Kapitels.

PS: Hätte ich die Aktie behalten, wäre ich heute (nach fünf Jahren) immer noch genauso im Minus, wie mir ein Blick auf den Kurs am 01.09.2025 verraten hat.[36] Falls dich die anderen beiden Börsen-Fails in meiner Startphase interessieren, findest du dazu übrigens ein Video im Internet.[37]

## Vermögen aufbauen mit der DPS-Strategie

Von meinem Anfängerfehler habe ich auch deswegen erzählt, weil sich daran ablesen lässt, worauf es beim erfolgreichen Investieren in Aktien wirklich ankommt: erstens auf eine fundierte eigene Einschätzung des jeweiligen Unternehmens und zweitens auf eine klare Strategie, wann du am Aktienmarkt einsteigst und wann du wieder aussteigst. Beides hat mir damals gefehlt. Wir wollen jedoch keine Tipps auf Zuruf von wackeligen Experten – selbst ist die Frau! Und wir wollen auch kein Kaufen und Verkaufen nach Gefühlslage oder Herdentrieb – beim Investieren sollte dein Kopf Regie führen. Mit einer klaren Strategie handelst du überlegt statt impulsiv.

### Was sind Kriterien für eine »gute« Aktie?

Empfehlenswert sind aus meiner Sicht fundamental starke, große Unternehmen, die langfristig Potenzial bieten. Wenn du ein Unternehmen siehst, das dich interessiert, solltest du dir als erstes den Aktienkurs anschauen, die Fünf-Jahres-Performance prüfen und die Größe sowie Marktkapitalisierung des Unternehmens betrachten. So kannst du dir einen ersten Eindruck verschaffen und entscheiden, ob das Unternehmen überhaupt infrage kommt. Diesen ersten, noch sehr oberflächlichen Check kannst du mit wenigen Klicks durchführen, beispielsweise mit Portalen wie Finanzen.net oder Onvista. Dort findest du den Kursverlauf und auch Infos zum Börsenwert, wie hier am Beispiel von Netflix gezeigt.

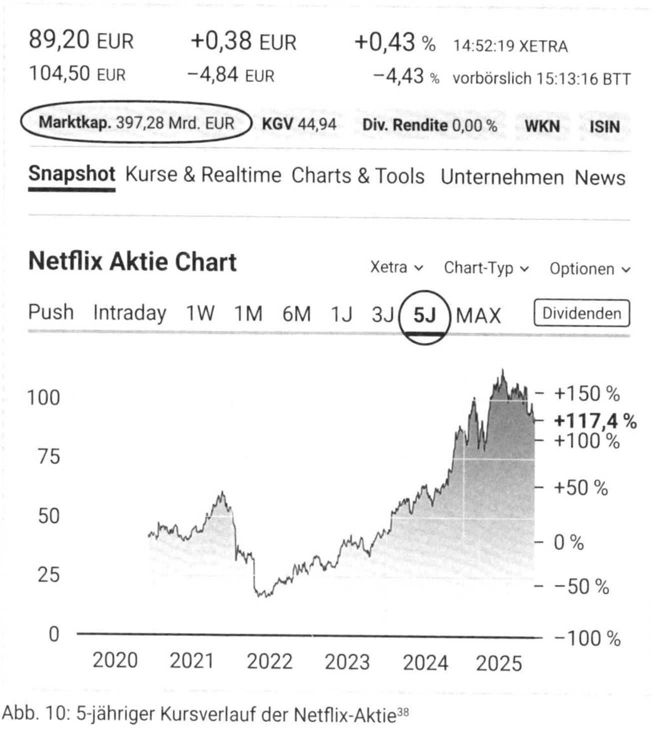


Abb. 10: 5-jähriger Kursverlauf der Netflix-Aktie[38]

Die Marktkapitalisierung des Streaminganbieters betrug zum 4. Dezember 2025 stolze 397,28 Milliarden Euro und der Kurs hat in den letzten fünf Jahren um 117,4 Prozent zugelegt, sich also mehr als verdoppelt. Ab wann ein Unternehmen als »groß« gelten kann, darüber ließe sich lange diskutieren. Ich persönlich gehe hier von einem Börsenwert von mindestens 50 Milliarden Euro aus. Kleinere Unternehmen können als Wachstumswerte interessant sein und trotz des höheren Risikos in Maßen ins Portfolio wandern, aber hier geht es mir erst einmal um das Grundsätzliche. Und eine Kurssteigerung von mindestens 50 bis 100 Prozent binnen fünf Jahren sollte es schon sein.

Dies ist wie gesagt nur ein erster flüchtiger Check, der dir zeigt, ob du dich weiter mit einem Unternehmen beschäftigen solltest – ob es das Unternehmen verdient, in deine »Watchlist« potenziell interessanter Unternehmen aufgenommen zu werden. Erst danach erfolgt die eigentliche Analyse, mit der du entscheidest, ob du diesem Unternehmen etwas von deinem Geld anvertrauen möchtest. Dabei unterscheidet man zwei Betrachtungsformen, die sich ergänzen: die Fundamentalanalyse, die wirtschaftliche Stabilität und Wachstumschancen eines Unternehmens anhand von Kennzahlen prüft, und die technische Analyse, die aus dem bisherigen Kursverlauf eine Prognose über die zukünftige Entwicklung ableitet. Jeden dieser Punkte – Watchlist, Fundamentalanalyse, technische Analyse – erkläre ich dir noch genauer. Zunächst möchte ich dir jedoch verraten, wie du die gewonnenen Erkenntnisse einsetzen kannst, um eine durchschnittliche Aktienrendite von 15 Prozent zu erwirtschaften – eine Rendite, mit der aus 5 000 Euro in fünf Jahren über 10 000 Euro (exakt 10 056,79 €) und in zehn Jahren sogar über 20 000 Euro (exakt 20 227,79 €) werden. Klingt interessant, oder?

## Wie funktioniert die DPS-Strategie?

Die Strategie, mit der solche Gewinnerwartungen Realität werden können, heißt »Durchschnittspreisstrategie«, kurz: DPS-Strategie. Im Englischen spricht man vom »Cost Average«-Effekt (Durchschnittskosteneffekt). Ich habe diese Strategie weder erfunden noch ist sie ein Geheimnis. Es handelt sich vielmehr um eine bewährte Methode, die ich hier in diesem Buch (und noch detaillierter in meinem Aktien-Mentoring) ganz konkret und systematisch vermittele. Grundsätzlich geht es bei dieser Strategie darum, den durchschnittlichen Preis einer Aktie durch wiederholte Aktienkäufe bei fallenden Kursen zu senken, und die Aktie konsequent zu verkaufen, wenn ihr Kurs wieder gestiegen ist und mindestens 15 Prozent über dem aktuellen Durchschnittspreis liegt. Das funktioniert natürlich nur, wenn du in ein Unternehmen investierst, dessen Kurs sich in absehbarer Zeit mit großer Wahrscheinlichkeit wieder nach oben bewegt. Und genau dafür machst du die erwähnten Analysen.

Um den Durchschnittskosteneffekt zu verstehen, stell dir zunächst vor, du kaufst jedes Vierteljahr ein neues Paar deiner Lieblingssneaker.

- Anfangs kostet das brandneue Modell 200 Euro.
- Im zweiten Vierteljahr kostet das Paar nur noch 160 Euro. Damit sinkt der Durchschnittspreis pro Paar auf 180 Euro (200 € + 160 € = 360 €, und das geteilt durch 2).
- Im dritten Vierteljahr ergatterst du ein Schnäppchen für 110 Euro. Damit sinkt der Durchschnittspreis pro Paar weiter auf 157 Euro (200 € + 160 € + 110 € = 470 €, und das geteilt durch 3, gerundet).
- Im letzten Vierteljahr gibt es ein Supersonderangebot für 80 Euro. Damit hast du vier Paar Sneaker zu einem Durchschnittspreis von 138 Euro gekauft (200 € + 160 € + 110 € + 80 € = 550 €, und das geteilt durch 4, gerundet).

Wie stark der Durchschnittskosteneffekt beim Aktienkauf wirkt, kannst du auch an folgender Beispielrechnung ablesen.

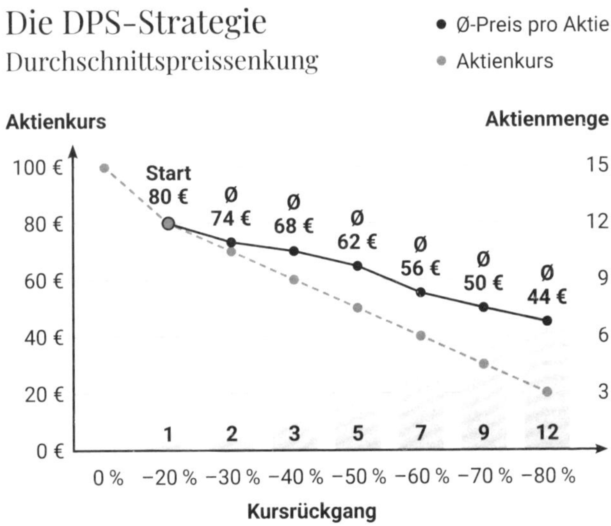


## Aktien XY zum Preis von 100 €

| Kurs-rück. | Aktien kurs | Kauf-menge | Invest/ Stufe | Kum. invest. | Kum. Aktien | Ø-Preis pro Aktie |
|---|---|---|---|---|---|---|
| −20 % | 80 € | 1,00 | 80,00 € | 80,00 € | 1,00 | **80,00 €** |
| −30 % | 70 € | 1,25 | 87,50 € | 167,50 € | 2,25 | **74,44 €** |
| −40 % | 60 € | 1,50 | 90,00 € | 257,50 € | 3,75 | **68,67 €** |
| −50 % | 50 € | 1,75 | 87,50 € | 345,00 € | 5,50 | **62,73 €** |
| −60 % | 40 € | 2,00 | 80,00 € | 425,00 € | 7,50 | **56,67 €** |
| −70 % | 30 € | 2,25 | 67,50 € | 492,50 € | 9,75 | **50,51 €** |
| −80 % | 20 € | 2,50 | 50,00 € | 542,50 € | 12,25 | **44,29 €** |

Abb. 11: Der Durchschnittskosteneffekt bei sinkenden Aktienkursen

Wenn du eine Aktie, die 100 Euro kostete, nach einem Kursrückgang von 20 Prozent kaufst, kostet diese Aktie 80 Euro. Kaufst du dann bei einem weiteren Kursrückgang (minus 30 Prozent bezogen auf den Ausgangskurs) nach, und zwar sogar 25 Prozent mehr (1,25 Aktien), sinkt der Durchschnittskurs auf gut 74 Euro pro Aktie. Setzt du das fort und investierst bei einem Kursrückgang um 40 Prozent auf den Ausgangskurs noch einmal 25 Prozent mehr (1,5 Aktien), sinkt der Durchschnittpreis auf gut 68 Euro pro Aktie. Und so weiter. Der Clou dabei: In dem Maße, wie der Durchschnittpreis der Aktie sinkt, sind geringere Kurssprünge nach oben erforderlich, damit du wieder in die Gewinnzone kommst. Bei einem Durchschnittspreis von beispielsweise 53 Euro pro Aktie genügt dir ein Anstieg des Kurses auf 60,95 Euro, um eine Rendite von 15 Prozent zu erwirtschaften. Hättest du dagegen alle Aktien auf einmal zum anfänglichen von 100 Euro gekauft, statt nach und nach zu immer günstigeren Preisen, müsste der Kurs sich in diesem Fall mehr als verdoppeln und auf 115 Euro steigen, um die gleiche Rendite zu erzielen. Dieser Effekt ist die Kernidee der Durchschnittspreisstrategie.

## Schritt für Schritt zum Erfolg

Nun, da der Grundmechanismus klar ist, können wir in die Details gehen. Im Grunde genommen funktioniert die DPS-Strategie wie ein Backrezept, an das du dich stoisch hältst. Damit verhinderst du impulsive Fehlentscheidungen und schöpfst regelmäßig Gewinne ab, indem du Aktien zu vorab geplanten Zeitpunkten kaufst und verkaufst. Die einzelnen Schritte dabei sind die folgenden:

### Schritt 1: Wo investieren?

Du ermittelst etwa 30 bis 40 gesunde, starke Unternehmen, bei denen du auf Dauer von einer positiven Kursentwicklung ausgehst. Wer den Erstcheck hinsichtlich Marktkapitalisierung (> 50 Milliarden €) und Kursentwicklung (mindestens 50 Prozent, besser 100 Prozent Zuwachs in den letzten fünf Jahren) besteht, wandert auf eine Papierliste (deine vorläufige Watchlist). Wenn die anschließende Analyse der wirtschaftlichen Kennzahlen (Fundamentalanalyse) positiv ausfällt, kommt das Unternehmen auf deine »goldene Watchlist«, die du elektronisch auf Plattformen wie Tradingview führen kannst.

### Schritt 2: Wann einsteigen?

Du beobachtest die Unternehmen auf deiner Watchlist kontinuierlich und wartest ab, bis die Aktie eines Unternehmens um mindestens 20 Prozent gefallen ist. Die Analyse des bisherigen Kursverlaufs hilft dir zu entscheiden, ob ein Einstieg empfehlenswert ist. Wie du den für dich maßgeblichen Hochpunkt ermittelst, auf den sich der 20-Prozent-Kursrückgang bezieht, zeige ich dir im Abschnitt »Stimmt der Zeitpunkt? Technische Analyse«.

### Schritt 3: Wie investieren?

Du teilst das Kapital, das du in dieses Unternehmen investieren willst, in mindestens drei Tranchen auf. Mit der ersten Tranche steigst du sofort ein, mit weiteren Tranchen, sobald der Kurs weiter sinkt. Dabei investierst du in meinem Modell mit jeder weiteren Tranche in Summe 25 Prozent mehr als bei der vorigen Tranche.

### Schritt 4: Wann aussteigen?

Steigt der Kurs auf (über) 15 Prozent über den Durchschnittspreis, den du mit deinen Käufen erzielt hast, sicherst du deinen Profit durch eine Stop-Loss-Order ab. Das bedeutet: Dein Broker hat die Anweisung, die Aktie bei diesem Preis zu verkaufen. Steigt der Kurs weiter, verschiebst du die Stop-Loss-Order nach oben und erzielst so noch höhere Gewinne. Grundsätzlich gilt: Wir folgen der Strategie! Also keine spontanen, emotional getriggerten Aktionen.

Die DPS-Strategie ist eine mittelfristig orientierte Strategie. Für mich bedeutet das: Kauf und Verkauf von Aktien erfolgt in einem Zeitraum von ca. vier Wochen bis zu maximal einem Jahr. Damit bewegen wir uns im Mittelfeld zwischen kurzfristigem Day Trading und langfristigem Buy-and-Hold, bei dem Aktien viele Jahre gehalten werden (siehe dazu den Abschnitt »Die Dividendenstrategie« weiter unten in diesem Kapitel). Der folgende Kursverlauf verdeutlicht die DPS-Strategie an einem Aktienbeispiel. Dabei nutze ich das Tool Tradingview (https://de.tradingview.com/). Neben dem Einrichten deiner persönlichen Watchlist bietet Tradingview vielfältige

Möglichkeiten, Kurse zu analysieren sowie Texte und Markierungen einzufügen. Im Beispiel sind das die Zeitpunkte von Aktienkäufen (Kreise) sowie des Durchschnittspreises (untere eingefügte Linie) und der Stop-Loss-Order (obere eingefügte Linie).

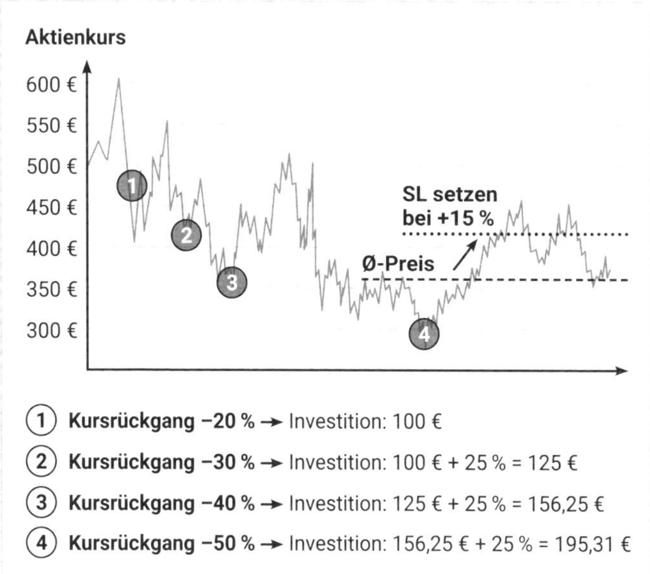


Abb. 12: Die DPS-Strategie in der Praxis

Nachdem der Kurs dieser Aktie verglichen mit dem Ausgangskurs (580 €) um rund 20 Prozent auf 470,77 Euro gefallen ist, investiere ich im Beispiel 100 Euro (erster Kreis ganz links).[39] Du kannst einen belieben Betrag investieren. 100 Euro wähle ich hier der Einfachheit halber. Die zweite Tranche wird bei weiter fallendem Kurs (minus ca. 30 Prozent auf den Ausgangskurs, Kurs der Aktie ca. 412 €) investiert. Dabei erhöhe ich die Investition um 25 Prozent, kaufe also Aktien für 125 Euro. Zwei weitere Aktienkäufe erfolgen jeweils bei minus 40 Prozent (Kurs der Aktie ca. 353 €) und minus 50 Prozent (Kurs der Aktie ca. 294 €). Bei jedem Kauf steigt die eingesetzte Summe um 25 Prozent auf zunächst 156,25 Euro und zuletzt 195,31 Euro.

Ich erwerbe also eine fortlaufend höhere Zahl von Aktienanteilen zu immer geringeren Preisen. Nach dem letzten Kauf beträgt der Durchschnittspreis der Aktie 360 € – markiert durch die untere gestrichelte Linie. Wir geben eine Stop-Loss-Order für 360 € + 15 Prozent, also bei 414 Euro. Sobald der Kurs sich so weit erholt hat, wird die Aktie verkauft, mit einer Rendite von 15 Prozent. Würde die Aktie vorher weiter steigen – beispielsweise auf 450 Euro – wird die Stop-Loss-Order nach oben korrigiert, etwa auf 428 Euro (ca. 5 Prozent unterhalb des neuen Höchstkurses). Damit erhöht sich die Rendite auf knapp 19 Prozent.

Die DPS-Strategie bietet zahlreiche Vorteile: Du hast ein festes Regelwerk für Ein- und Ausstiege bei Investitionen. Das gibt dir Sicherheit bei deinem Handeln an der Börse und verhindert emotionale Achterbahnen. Außerdem profitierst du von steigenden wie fallenden Kursen – erholt sich ein Kurs unerwartet sehr schnell und deutlich wieder, setzt du gleich eine Stop-Loss-Order und verkaufst ggf. früher, ohne die Investition weiterer Tranchen. Und auch, wenn die Strategie nicht in jedem Einzelfall Gewinne garantieren kann, wirst du bei sorgfältiger Auswahl der Unternehmen im Schnitt Renditen von 10 bis 20 Prozent auf deinen Kapitaleinsatz erwirtschaften. Um dich mit der Strategie vertraut zu machen, experimentiere am besten einige Wochen mit einem Musterdepot, das du bei etlichen Brokern einrichten kannst (dazu mehr im Abschnitt »Praktische Hinweise«). Wenn du unter Anleitung tiefer einsteigen willst, bietet sich mein Onlinekurs »Aktien-Mentoring-Masterclass« an. Dort bekommst du vertiefende Hinweise zur Aufteilung deines Kapitals in Tranchen, außerdem Excel-Programme zur Berechnung und Verfolgung deiner Investitionen, Handlungsempfehlungen für unerwartete Kursbewegungen und eine detaillierte Einführung in das Tool Tradingview. Abschließend hier noch einmal die Strategie im Überblick:

Abb. 13: Vorgehen bei der DPS-Strategie

## Deine goldene Watchlist interessanter Unternehmen

Jetzt wird es spannend: Wie findest du starke und gesunde Unternehmen, die dein Geld für dich wachsen lassen? In diesem Abschnitt möchte ich dir dazu verschiedene Möglichkeiten vorstellen. Im ersten Schritt solltest du eine vorläufige Papierliste von mindestens 30 bis 40 Unternehmen zusammenstellen, in die du möglicherweise investieren möchtest. »Viel« hilft hier tatsächlich viel, weil du beim ersten Scannen zahlreicher Organisationen ein Gefühl für Kursverläufe, Zahlen und ihre Unterschiede entwickelst. Anschließend wirst du die interessantesten Unternehmen aus deiner Papierliste ausführlicher analysieren. Erst wenn diese Analyse positiv ausfällt, kannst du loslegen an der Börse. Und so kommst du zu deiner Liste:

## Brainstorming

Welche Unternehmen kennst du? Welche Produkte nutzt du tagtäglich, privat oder auf der Arbeit? Welchen Herstellern und Anbietern bleibst du treu, weil ihre Angebote dich überzeugen? Das können Lebensmittel sein, Kosmetika, Kleidung und andere Konsumgüter, aber auch digitale Angebote (Medien, Streamingdienste, Telekommunikation, Onlinehandel), medizinische Güter oder Dienstleister, Freizeitangebote, Mobilitätsangebote vom öffentlichen Nahverkehr bis zum Autohersteller und vieles mehr. Wir sind im Alltag umgeben von Gegenständen und Dienstleistungen, die von Unternehmen zur Verfügung gestellt werden. Wenn andere Verbraucher deine Vorliebe für bestimmte Anbieter teilen, könnten diese ein lohnendes Investitionsziel sein. Einen Überblick über die Kursentwicklung möglicher Kandidaten kannst du dir im Internet auf Finanzseiten wie www.finanzen.net oder www.google.com verschaffen – oder auch bei www.onvista.de, einer Seite, die weitere nützliche Infos für dich bereithält.

## onvista

Mehr als amazon, Netflix oder Apple fällt dir da gerade nicht ein? Kein Problem: Weitere Ideen kannst du dir im Internet holen. Das hat den Vorteil, dass du den Blick weitest und auch Branchen und Unternehmen ins Visier nimmst, die dir weniger vertraut sind. Ich empfehle dir dazu die Seite www.onvista.de, die gleich zwei nützliche Tools bietet. Das erste Tool ist der »Aktienfinder«[40]. Hier kannst du über 30 000 Aktien unter zahlreichen Suchkriterien filtern, unter anderem nach Kontinent, Land, Zugehörigkeit zu einem Index wie DAX oder Dow Jones, Branche (z. B. »Bank« oder »Einzelhandel«), übergreifendem Sektor (z. B. »Finanzsektor« oder »Handel«) und Performance (Kursentwicklung) im letzten Monat, Halbjahr oder Jahr. Ich empfehle dir, ein Land und eine Branche auszuwählen. Dann wirft dir das Tool eine

Unternehmensliste aus, die auch die Marktkapitalisierung anzeigt. Wie schon erklärt, verbirgt sich dahinter der aktuelle Börsenwert (Zahl der Aktien mal Aktienkurs), der auf Onvista vierteljährlich mit Veröffentlichung der Unternehmenszahlen auf den neuesten Stand gebracht wird. Auf diese Weise erhältst du eine stark reduzierte Liste, an der du zugleich schon die erforderliche Unternehmensgröße (in meinem Verständnis eine Marktkapitalisierung von 50 Milliarden Euro und mehr) ablesen kannst. Wenn du beispielsweise die Suchfilter »USA« und die Branche »Computer-Hardware« anklickst, reduziert sich die riesige Zahl der bei Onvista aufgelisteten Unternehmen bereits auf nur noch 29 (Stand: 15.09.2025). Nimmst du das Größenkriterium von einer Marktkapitalisierung von 50 Milliarden Euro und mehr hinzu, bleiben noch acht Unternehmen, mit Apple als Branchenriesen an der Spitze und weiteren Unternehmen wie IBM, Micron Technology oder Cadence Design Systems. Ein Klick auf den Unternehmensnamen zeigt dir neben dem aktuellen Aktienkurs auch die Kursentwicklung für verschiedene Zeiträume, etwa für ein Jahr, drei Jahre und fünf Jahre. Im Beispiel Cadence Design Systems in Abbildung 14 siehst du eine interessante Entwicklung: Im Fünf-Jahres-Zeitraum hat die Aktie um 187,46 Prozent zugelegt, im Drei-Jahres-Zeitraum waren es 96,81 Prozent und im letzten halben Jahr 13,95 Prozent. Damit könnte es sich lohnen, das Unternehmen auf deine persönliche Watchlist zu nehmen und genauer zu analysieren. Voraussetzung ist für mich dabei immer, dass ich das jeweilige Geschäftsmodell verstehe und mir daher eine Einschätzung zutraue. Alternativ oder auch zusätzlich kannst du dir bei Onvista die aktuell meistgesuchten Aktien anzeigen lassen. Auch hier erhältst du eine Liste und vertiefende Unternehmensinfos, wenn du auf den jeweiligen Unternehmensnamen klickst.[41]

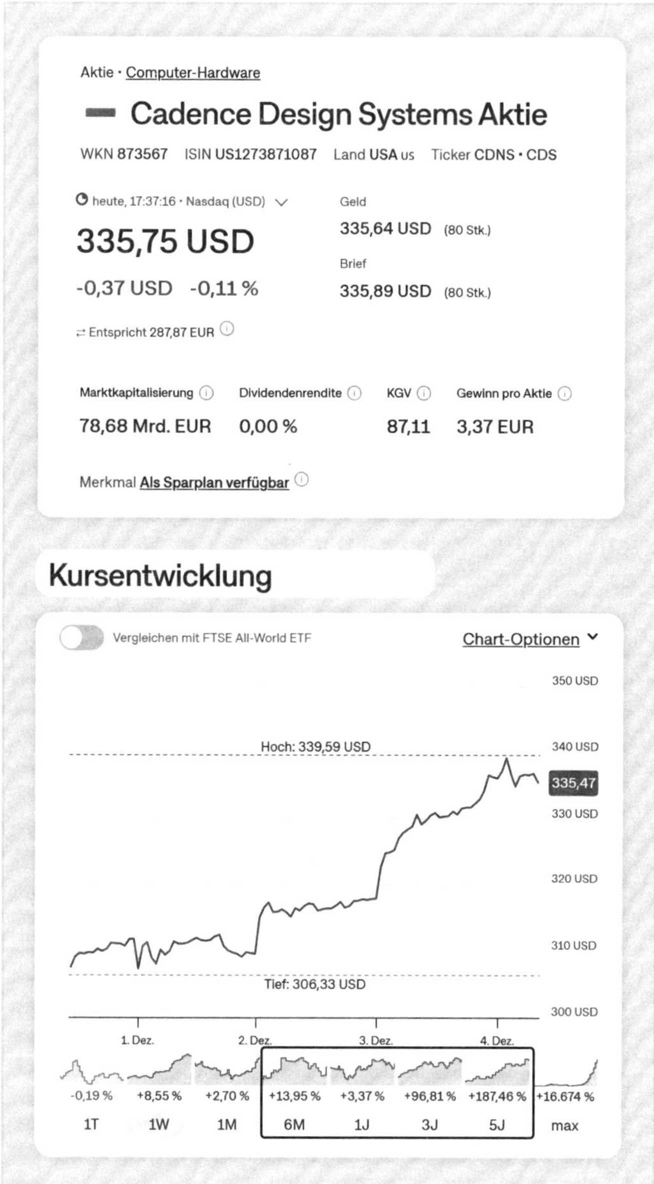


Abb. 14: Kursentwicklung der letzten fünf Jahre bei Cadence Design Systems auf onvista (Dezember 2025)

## Stock Screener

Der Vollständigkeit halber möchte ich dich noch mit einer weiteren Seite bekannt machen, die du nutzen kannst, um interessante Aktien zu finden, die nicht schon in aller Munde sind. Auf der Seite Stock Analysis findest du den sogenannten Stock Screener[42], mit dem du Aktien unter zahlreichen Gesichtspunkten filtern kannst, etwa Branche, Land, Marktkapitalisierung und verschiedene Kennzahlen, die wir in der Fundamentalanalyse nutzen und die ich noch genauer erkläre (PEG Ratio, Umsatzwachstum/Revenue Growth, Cash Flow usw.). Hier kannst du entsprechend deiner Interessen alle ein bis zwei Monate mal reinschauen und gelegentlich auch Unternehmen unterhalb von 50 Milliarden Euro Marktkapitalisierung ins Visier nehmen. Möglicherweise entdeckst du dabei Wachstumswerte, die eine Überlegung wert sind, sobald du dich sicherer auf dem Aktienmarkt bewegst und erste Erfolge mit der DPS-Strategie erzielt hast. »Wachstumswerte« sind meist junge Unternehmen, deren Kurs sich bislang sehr positiv entwickelt hat und die – wenn auch mit höherem Risiko – die Rendite deines Aktienportfolios steigern können, indem du hier von Wachstumssprüngen profitierst.

Tauche für einige Zeit in die Welt der Unternehmen ein. Viele meiner Teilnehmerinnen sind überrascht, wie spannend ein Blick hinter Unternehmenskulissen ist – plötzlich bist du nicht mehr passive Konsumentin, sondern selbst mitten im Spiel. Unternehmen, die dir interessant erscheinen und den Kurzcheck (mehr als 50 Mrd. Marktkapitalisierung, mehr als 100 Prozent Zuwachs in den letzten fünf Jahren) bestehen, sammelst du auf deiner vorläufigen Papier-Watchlist. Dafür kannst du das folgende Schema nutzen, in das ich hier beispielhaft die Daten für amazon eingetragen habe (auch wenn dessen Entwicklung zuletzt nicht mehr so rasant war, wie wir es uns eigentlich wünschen).

Über den QR-Code am Ende des Buches findest du dieses Schema und weitere nützliche Unterlagen als PDF zum Download.

| UNTERNEHMEN: Amazon* | |
|---|---|
| Performance 1/3/5 Jahre: | + 18,9 % / + 61,3 % / + 48,3 % |
| Branche: | Handel/Tech |
| Land: | USA |
| Marktkapitalisierung: | 2 095,01 Milliarden Euro |

* Quelle: https://www.finanzen.net/aktien/amazon-aktie (Stand 16.09.2025)

| UNTERNEHMEN: | |
|---|---|
| Performance 1/3/5 Jahre: | / / |
| Branche: | |
| Land: | |
| Marktkapitalisierung: | |

## Lohnt sich der Einstieg? Die Fundamentalanalyse

Bei der Fundamentalanalyse nimmst du einzelne Unternehmen genauer unter die Lupe, um zu entscheiden, ob ihre Aktien tatsächlich interessant für dich sind. Dabei prüfst du sie unter drei Gesichtspunkten:

1. Wirtschaftliche Kennzahlen (Ist das Unternehmen gesund und wahrscheinlich auch in Zukunft profitabel?)
2. Geschäftsmodell (Wird das Unternehmen sich mit seinen Angeboten vermutlich auch in Zukunft am Markt behaupten können?)
3. CEO-Check (Überzeugt das Top-Management des Unternehmens?)

Die Kennzahlen

An der Börse notierte Unternehmen müssen ihre wirtschaftliche Situation regelmäßig offenlegen und Geschäftsberichte veröffentlichen. Aus der Unternehmensperformance in der Vergangenheit ziehen versierte Anlegerinnen Schlüsse für die Zukunft. Natürlich besitzt niemand eine Glaskugel, und so kann sich das Blatt unerwartet wenden, z. B. durch äußere Geschehnisse (wie neue Mitbewerber, gesetzliche Regulierungen, Wegfall bestimmter Märkte) oder interne Entwicklungen (wie Skandale, floppende Produkte). Dieses Risiko lässt sich durch Diversifikation (Investition in verschiedenen Branchen) begrenzen. Grundsätzlich verschafft dir die Analyse der wichtigsten Kennzahlen ein solides Maß an Sicherheit. Als Quelle dienen:

- die jährliche Gewinn- und Verlustrechnung, die Auskunft über Umsatz und Gewinn des Unternehmens gibt,
- die Bilanz, die zeigt, wie das Verhältnis von Eigenkapital und Fremdkapital ist, und
- das Cashflow-Statement, das verrät, wie liquide das Unternehmen ist, also wie viel Geld es zur Deckung von Ausgaben zur Verfügung hat.

**Umsatz/Revenue**

Der Umsatz zeigt an, wie stark die Produkte und Dienstleistungen eines Unternehmens nachgefragt werden: Wie viel Geld nimmt es durch Verkäufe ein? Stagnierender oder sinkender Umsatz sind ein Warnsignal. Entscheidend ist dabei nicht ein einmaliger Einbruch, sondern ein sich fortsetzender Trend, der darauf hindeutet, dass ein Unternehmen seine beste Zeit hinter sich hat. Ein bekanntes Beispiel ist Tupperware, dessen Umsatz seit 2016 kontinuierlich zurückging und sich 2023 halbiert hatte.[43] Ende 2024 meldeten sowohl die US-Muttergesellschaft und dann auch Tupperware Deutschland Insolvenz an. Vielversprechende Unternehmen zeichnen sich durch kontinuierlich steigende Umsätze aus.

### Gewinn pro Aktie/Earnings Per Share (EPS)

Vereinfacht gesagt ist der Gewinn das, was vom Umsatz übrigbleibt, wenn ein Unternehmen alle Rechnungen bezahlt hat. Zieht man also von den Einnahmen (Umsatz) alle Kosten ab, erhält man den Gewinn. Zu den Kosten zählen z. B. Material, Gehälter, Miete, Kreditzinsen, Steuern. Der Gewinn zeigt, wie profitabel ein Unternehmen arbeitet. Vielversprechende Unternehmen weisen auch beim Gewinn ein kontinuierliches Wachstum auf. Der Gewinn pro Aktie (EPS) ergibt sich, indem man den Gesamtgewinn durch die Gesamtzahl der Aktien dividiert. Der Vollständigkeit halber sei gesagt: In der Aufbauphase können Unternehmen trotz wachsender Umsätze rote Zahlen schreiben. Ein Beispiel ist amazon – 1994 gegründet, verbuchte das Unternehmen erst Ende 2001 einen ersten geringen Gewinn von 5,1 Millionen Dollar.[44] Im Nachhinein wissen wir, dass diese Geschichte gut ausgegangen ist. Dennoch ist man bei der Investition in Unternehmen, die bereits auf Dauer solide Gewinne erzielen, eher auf der sicheren Seite.

### Eigenkapital pro Aktie/Book Value Per Share

Je mehr Eigenkapital ein Unternehmen besitzt, desto unabhängiger und wirtschaftlich stabiler ist es. Das Eigenkapital findest du in der Bilanz des Unternehmens. Ein einfaches Beispiel zeigt Abbilung 15. Jede Bilanz hat eine Aktiva- und eine Passiva-Seite. Die Aktiva-Seite listet sämtliche Vermögenswerte auf – Sachwerte wie Maschinen oder Fuhrpark, Betriebs- und Geschäftsausstattung (BGA), ausstehende Forderungen an Kunden, Bankguthaben usw. Auf der Passiva-Seite ist zu sehen, woher das Geld für die Vermögenswerte stammt, aus eigenen Mitteln oder aus Krediten. »Verbindlichkeiten« sind beispielsweise Rechnungen, die das Unternehmen noch bezahlen muss, oder Vorauszahlungen von Kunden für noch nicht gelieferte Waren. Aktiva- und Passiva-Seite einer Bilanz müssen ausgeglichen sein. Das Eigenkapital gibt an, welche Summe übrigbleibt, würde das Unternehmen alle Vermögenswerte verkaufen und alle Schulden begleichen. Wünschenswert ist auch bei dieser Kennzahl ein Wachstum, denn ein Zuwachs an Eigenkapital spricht für den wirtschaftlichen Erfolg des Unternehmens und für eine solide Unternehmensführung. Natürlich können Zukunftsinvestitionen das Eigenkapital vorübergehend senken, allerdings ist schwer vorauszusehen, ob eine Investition sich auszahlt.

**Bilanz**

| AKTIVA | | PASSIVA | |
|---|---|---|---|
| Gebäude | 50 000,– | Eigenkapital | 80 000,– |
| Fuhrpark | 25 000,– | Hypotheken | 30 000,– |
| BGA | 15 000,– | Darlehen | 10 000,– |
| Forderung | 20 000,– | Verbindlichkeiten | 12 000,– |
| Bankguthaben | 17 000,– | | |
| Kassenbestand | 5 000,– | | |
| | **132 000,–** = | | **132 000,–** |
| Vermögen | | Kapital | |

Abb. 15: Beispiel für eine Bilanz

**Verschuldungsgrad/Debt Ratio**

Die meisten Unternehmen haben Schulden, d.h., sie finanzieren ihr Business zum Teil durch Kredite. Das ist völlig in Ordnung, solange das Verhältnis zwischen Fremdkapital (Schulden) und Eigenkapital stimmt. Eine Faustregel besagt, dass das Fremdkapital maximal doppelt so hoch sein sollte wie das Eigenkapital. Der Verschuldungsgrad errechnet sich, indem man Fremdkapital durch Eigenkapital teilt und das Ergebnis mit 100 multipliziert. In unserem Bilanzbeispiel sähe das so aus:

$$\frac{\text{Fremdkapital}}{\text{Eigenkapital}} \quad \frac{52\,000,–}{80\,000,–} \times 100 = \text{Verschuldungsgrad}$$

Dieses Unternehmen steht gut da, da sein Eigenkapital die Höhe seiner Schulden deutlich übersteigt, mit einem Verschuldungsgrad von 65. Kritisch ist ein Verschuldungsgrad von 200 aufwärts, der sich ergibt, wenn die Summe der Schulden doppelt so hoch ist wie das Eigenkapital. Das wäre im Beispiel bei einer Verschuldung von 160 000 Euro der Fall. Dann besteht die Gefahr, dass Banken salopp gesagt »den Geldhahn zudrehen«, also keine weiteren Kredite mehr gewähren, weil sie um deren Rückzahlung fürchten. Dadurch ist ein Unternehmen in seiner Existenz gefährdet.

**Liquidität/Free Cashflow pro Aktie**

Der Free Cashflow zeigt, wie gut die Finanzflüsse im Unternehmen gemanagt werden: Ist immer genug Geld (»Cash«) vorhanden, um alle Gehälter und Rechnungen zu bezahlen und alle Kredite pünktlich zu bedienen? Abhängig von seinen Produkten und Zahlungsmodellen kann ein Unternehmen in einen finanziellen Engpass geraten, obwohl Umsatz und Gewinn sich positiv entwickelt haben. Nimm das Beispiel Netflix: Der Streaminganbieter verkauft Abos, die erst am Jahresende voll bezahlt sind. Gleichzeitig müssen aber laufend neue Angebote (Filme, Serien) produziert oder eingekauft werden. Also muss der Cashflow so gemanagt werden, dass immer genug Geld da ist, um die laufenden Kosten zu bezahlen, auch wenn ein beträchtlicher Teil des Umsatzes erst am Jahresende auf den Netflix-Konten landet. Anders als beim Gewinn, wo Bilanztricksereien möglich sind, kann der Free Cashflow nicht manipuliert werden. Je niedriger der Free Cashflow, desto größer ist die Gefahr der Zahlungsunfähigkeit. Stell dir einen Handwerksbetrieb vor, der mit den laufenden Einnahmen seine finanziellen Verpflichtungen immer gerade eben bedienen kann. Zahlt dann ein Großkunde zu spät oder gar nicht, schlittert der Betrieb womöglich in die Insolvenz. Derselbe Mechanismus greift auch bei großen, börsennotierten Unternehmen. Vorteilhaft ist also auch beim Cashflow ein Wachstum, das für Stabilität und umsichtiges Finanzmanagement spricht. Zwischenzeitliche Einbrüche beim Free Cashflow können auf neue

Zahlungsmodelle oder verlängerte Zahlungsziele für Lieferanten zurückzuführen sein, aber davon sollte sich ein gesundes Unternehmen rasch erholen.

### Kurs-Gewinn-Wachstums-Verhältnis/ Price-Earnings-Growth-Ratio (PEG-Ratio)

Jetzt kommen wir zu einer wichtigen Kennzahl, die der Einschätzung dient, ob eine Aktie gerade zu einem fairen Kurs gehandelt bzw. eher über- oder unterbewertet wird – die PEG-Ratio (Kurs-Gewinn-Wachstums-Verhältnis). Dazu musst du erst einmal wissen, was das »Kurs-Gewinn-Verhältnis« (KGV) ist, eine Kennzahl, die du ebenfalls auf Aktienplattformen anzeigen lassen kannst. Das KGV erhält man, indem man den Kurs einer Aktie durch den Gewinn pro Aktie teilt. Nehmen wir an, eine Aktie kostet 100 Euro und erzielte im vergangenen Jahr einen Gewinn von 8 Euro:

$$\frac{\text{Kurs}}{\text{Gewinn}} \quad \frac{100}{8} \quad = \text{KGV } 12{,}5$$

Das KGV gibt die Zahl der Jahre an, nach denen du deinen Einsatz (den Preis der Aktie) bei Gewinnen in dieser Höhe zurückbekommen hättest – in diesem Fall wären das 12,5 Jahre. Ein KGV von 12 bis 15 gilt als durchschnittlich und als Indiz für einen fairen Aktienpreis.

Nehmen wir zum Vergleich an, du hast eine Aktie gekauft, deren Kurs bei 200 Euro steht, und der Gewinn betrug im letzten Jahr ebenfalls 8 Euro pro Aktie:

$$\frac{\text{Kurs}}{\text{Gewinn}} \quad \frac{200}{8} \quad = \text{KGV } 25$$

In diesem Fall würde es doppelt so lange – 25 Jahre – dauern, bis du deinen Einsatz in Form von Gewinnen ausgeglichen hättest. Das könnte darauf hindeuten, dass die Aktie überbewertet, also zu teuer ist. Gleichzeitig ist der vergleichsweise hohe Kurs aber auch ein Indiz dafür, dass Anleger von einer günstigen Kursentwicklung (also von höheren Gewinnen in der Zukunft) ausgehen. Diese optimistische Erwartung erzeugt Nachfrage und hat dadurch einen höheren Preis der Aktie bewirkt.

Umgekehrt wäre ein niedriges KGV ein Indiz dafür, dass die Aktie unterbewertet ist, also derzeit zu einem sehr günstigen Kurs zu haben ist:

$$\frac{\text{Kurs}}{\text{Gewinn}} \quad \frac{50}{8} = \text{KGV } 6{,}25$$

Eingepreist im Aktienkurs ist auch hier wieder die Gewinnerwartung für die Zukunft: Der Kurs ist moderat, weil die Anleger der Aktie eher pessimistisch sind, was zukünftige Gewinne angeht, und entsprechend zurückhaltender investieren.

Für sich genommen ist das KGV allerdings nur begrenzt aussagekräftig, selbst wenn dir ein Vergleich mit anderen Unternehmen derselben Branche bei deiner Einschätzung hilft: Entspricht das KGV dem Branchendurchschnitt oder erscheint das Unternehmen im Vergleich zu Mitbewerbern eher über- oder eher unterbewertet? Aussagekräftiger wird die Kennzahl, wenn man sie mit zukünftigen Gewinnerwartungen professioneller Aktienexperten kombiniert. Gehen Finanzexperten in ihren Wachstumsprognosen beispielsweise davon aus, dass die Gewinne eines Unternehmens in Zukunft stark steigen werden, relativiert sich ein hohes KGV. Schauen wir uns das näher an.

Das Kurs-Gewinn-Wachstums-Verhältnis oder PEG-Ratio ergibt sich, wenn du das Kurs-Gewinn-Verhältnis durch das von Experten erwartete prozentuale Gewinnwachstum teilst. Auch das musst du nicht selbst tun, denn die PEG-Ratio findest du wie andere Kennzahlen auf den schon genannten Aktientools im Internet. Mir geht es darum, dass du verstehst, was sich hinter solchen Zahlen verbirgt. Nehmen wir an, im zweiten Beispiel, der Aktie zu 200 Euro, läge die Erwartung an das zukünftige Gewinnwachstum bei 23 Prozent. Die Analysten gehen also davon aus, dass sich das Unternehmen in Zukunft sehr positiv entwickeln würde. Die PEG-Ratio sähe dann so aus:

$$\frac{\text{KGV}}{\text{Erwartetes Gewinnwachstum pro Jahr}} \quad \frac{25}{23} = 1{,}09 \text{ PEG-Ratio}$$

Bei einer PEG-Ratio um 1 gilt ein Unternehmen als fair bewertet. Das wäre dann hier der Fall. Liegt die PEG-Ratio deutlich über 1, gilt sie als überbewertet, bei einem Wert unter 1 als unterbewertet. Schauen wir das erste Beispiel noch einmal an, die Aktie zu 100 Euro mit 8 Euro Jahresgewinn. Wäre die Erwartung an das Gewinnwachstum bei diesem Unternehmen ebenfalls optimistisch (sagen wir 15 Prozent), ist es aus der Sicht von Analysten unterbewertet.

$$\frac{\text{KGV}}{\text{Erwartetes Gewinnwachstum pro Jahr}} \quad \frac{12{,}5}{15} = 0{,}83 \text{ PEG-Ratio}$$

KGV und PEG-Ratio sind die komplexesten Kennzahlen, die ich dir mit der vereinfachten Darstellung hoffentlich verständlich machen konnte. Das KGV beschreibt immer den Ist-Zustand (aktueller Kurs im Verhältnis zum erzielten Gewinn), während das PEG-Ratio den Ist-Zustand um die Gewinnprognose von Finanzexperten ergänzt (die selbstverständlich auch irren können). Am besten, du spielst beide Kennzahlen an einigen Beispielen für dich durch und merkst dir die folgenden Zusammenhänge:

- KGV 12 bis 15 → Aktie vermutlich fair bewertet.
- KGV **über** 15 → Aktie eventuell **über**bewertet.
- KGV **unter** 12 → Aktie eventuell **unter**bewertet.

- PEG-Ratio um 1 → Aktie vermutlich fair bewertet.
- PEG-Ratio **über** 1 → Aktie eventuell **über**bewertet.
- PEG-Ratio **unter** 1 → Aktie eventuell **unter**bewertet

Idealerweise hältst du die Kennzahlen der verschiedenen Unternehmen in einer Tabelle fest, um dem Überblick zu behalten, und aktualisierst die Daten regelmäßig. In meinem Aktien-Mentoring arbeiten wir dabei mit einem eigens entwickelten Excel-Tool, das mithilfe eines Ampelsystems (also roten, gelben und grünen Markierungen) für Transparenz sorgt.

### Das Geschäftsmodell (Burggraben-Check)

Das Bild des Burggrabens wurde von Warren Buffett, dem milliardenschweren Star-Investor aus den USA, geprägt. Buffett zielt damit auf Faktoren, die die Stabilität und das zukünftige Wachstum eines Unternehmens vor Mitbewerbern (»Feinden«) schützen, ähnlich wie ein Burggraben eine mittelalterliche Burg. Letztlich geht es darum, ob das Geschäftsmodell eines Unternehmens zukunftsfähig ist oder ob es auf wackeligen Beinen steht. Folgende Punkte spielen dabei eine Rolle:

- Zukunftssichere Produkte (aktuell z. B. Halbleiter oder KI-Tools),
- ein breit aufgestelltes Angebot (z. B. amazon – nicht nur Onlinehandel, sondern auch Cloud-Services, Abos wie amazon prime, digitale Medien im Buch- und Filmbereich usw.),

- eine attraktive Marke (z. B. Apple),
- Größe/Stärke im Vergleich zur Konkurrenz (z. B. Microsoft im Vergleich zu anderen Softwareanbietern),
- Verfügung über eine Infrastruktur, von der neue Anbieter abhängig wären (z. B. Telekommunikationsnetze, Pipelines),
- Preis-, Qualitäts- oder Geschwindigkeitsvorteile für die Kunden (z. B. Miele als Qualitätsmarke oder Aldi im Niedrigpreissegment),
- Lock-in-Effekte, also Faktoren, die einen Wechsel erschweren (z. B. von SAP zu einer anderen Unternehmenssoftware oder von Android zu Apple und umgekehrt),
- Patente oder aufwändig zu entwickelnde Technologien (z. B. Patente für stark nachgefragte Arzneimittel).

Je mehr dieser Faktoren zusammenkommen, desto stärker ist ein Unternehmen (desto tiefer und breiter ist sein Burggraben) und desto geringer ist die Gefahr, dass ihm ein Wettbewerber gefährlich werden kann. Nimm z. B. Apple: Hier addieren sich Markenimage, Größe, breit gefächertes Angebot und Lock-in-Effekt zu einem imposanten Burggraben. Das macht es für Mitbewerber nahezu unmöglich, die »Burg« Apple zu schleifen.

### Der CEO-Check

Auch wer das Unternehmen führt, beeinflusst die Börse. Vielleicht hast du schon einmal mitbekommen, wie ein Aktienkurs sprunghaft angestiegen ist, weil ein glückloser CEO ging. Das war beispielsweise der Fall, als der frühere Daimler-Chef Jürgen Schrempp 2005 von Bord ging. Die Aktie stieg allein auf Schrempps sommerliche Ankündigung, das Unternehmen zum Jahresende verlassen zu wollen, um zehn Prozent. Das erhöhte den Börsenwert von Daimler damals auf einen Schlag um 3,7 Milliarden Euro.[45]

Ein angesehener und erwiesenermaßen erfolgreicher Unternehmenslenker steht für Stabilität und macht zukünftig steigende Kurse wahrscheinlicher. Fragen, die du dir in diesem Zusammenhang stellen solltest:

- Wie lange ist der CEO schon an Bord?
- Was ist über seine Person, seinen Hintergrund und seinen Managementstil öffentlich bekannt?
- Was hat er bisher erreicht? Gilt er als erfolgreich?
- Was hat er vorher gemacht? Wie erfolgreich war er dort?
- Wie gut ist sein Standing im Unternehmen? Genießt er überwiegend Anerkennung oder gibt es Gerüchte über eine Ablösung?
- Welche Werte verkörpert er? Welche Vision (langfristige Zielsetzung) hat er für das Unternehmen?
- Teilst du seine Werte und Ziele und kannst dir daher vorstellen, ihm dein Geld anzuvertrauen?

Warnsignale sind Skandale (wie beispielsweise der Dieselskandal bei Volkswagen), glückloses Agieren in der Vergangenheit oder Gerüchte, dass ein angesehener CEO das Unternehmen verlassen will. Infos dazu findest du in der Wirtschaftspresse und im Internet.

Für die Recherche von Unternehmensdaten kannst du inzwischen auch KI-Tools wie ChatGPT nutzen. KI-Tools stellen dir Daten in Windeseile zusammen. Aber Vorsicht: KI »denkt« nicht. Es handelt sich schlicht um riesige Rechenprogramme, die im Netz vorhandene Quellen durchscrollen und bei der Erstellung von Texten Begriffe aneinanderreihen, die statistisch häufig in enger Nachbarschaft auftauchen (so genannte Sprachmodelle). Da es dabei immer wieder Irrläufer (»Halluzinationen«) gibt, solltest du zentrale Informationen sicherheitshalber gegenchecken. Die Qualität von KI-Auskünften hängt zudem von der Qualität deiner Fragen (»Prompts«) ab. Ich habe dir einige nützliche Prompts für die Fundamentalanalyse zusammengestellt.

## Nützliche Prompts für eine Fundamentalanalyse mit ChatGPT

- Was ist das Hauptprodukt oder die Hauptdienstleistung des Unternehmens XYZ?
- Wer sind die Zielgruppen des Unternehmens?
- Wie generiert das Unternehmen Einnahmen? Welche Erlösquellen hat es?
- Welchen Wert bietet das Unternehmen seinen Kunden? Was unterscheidet es von seinen Wettbewerbern?
- Wie sieht die Preisgestaltung des Unternehmens aus? Welche Faktoren beeinflussen die Preisbildung?
- Welche Partnerschaften oder Kooperationen hat das Unternehmen? Mit wem arbeitet es zusammen, um seine Ziele zu erreichen?
- Wie plant das Unternehmen, sein Geschäftsmodell langfristig rentabel zu halten?
- Welche Barrieren existieren für potenzielle Wettbewerber, um in den Markt des Unternehmens einzutreten?
- Hat das Unternehmen besondere Patente, Urheberrechte oder andere geistige Eigentumsrechte, die es vor Nachahmung schützen?
- Verfügt das Unternehmen über ein starkes Markenimage oder eine starke Markenbekanntheit, die es erschwert, ihm Kunden abzuwerben?
- Nutzt das Unternehmen fortschrittliche Technologien oder einzigartige Produktionsprozesse, die schwer zu replizieren sind?
- Hat das Unternehmen einen signifikanten Kostenvorteil gegenüber seinen Wettbewerbern, der es diesen erschwert, in Preiswettbewerben zu bestehen?
- Wer führt das Unternehmen? Wie ist der Ruf des CEOs?
- Welche Erfolge hat der CEO in der Vergangenheit vorzuweisen?
- Wie lautet die Strategie des CEOs für die Zukunft des Unternehmens?

Zusätzlich kannst du die KI anweisen, alle Informationen kürzer (beispielsweise »in x Sätzen«) zusammenzufassen, Tabellen zu erstellen, Informationen ausführlicher oder einfacher zu formulieren. Selbst mit Prompts wie »Erkläre mir das so, als ob du es einem zehnjährigen Kind erklären würdest« kann die KI etwas anfangen. Und natürlich eignet sich die obige Liste auch ganz einfach als Checkliste, welche Unternehmensinformationen wichtig für dich sind. Über den QR-Code am Ende des Buches findest du einen »Aktiensteckbrief« als PDF, den du dir herunterladen und für deine Notizen nutzen kannst.

## Stimmt der Zeitpunkt? Die technische Analyse

Bei der technischen Analyse geht es darum, Aktiencharts richtig zu lesen. Du hast oben im Buch schon diverse Charts gesehen und vielleicht auch schon im Internet den Kursverlauf verschiedener Aktien angeschaut. Daher weißt du, dass auf der horizontalen Achse immer der zeitliche Verlauf abgebildet ist, und zwar je nachdem, was du anklickst, der Verlauf vom aktuellen Tag über verschiedene Jahreszeiträume bis »maximal«, also seit dem Erstverkaufstag der Aktie. Auf der vertikalen (senkrechten) Achse wird die Höhe der Kurse angezeigt. Beim groben Erst-Check von Aktien lassen wir uns die Kursentwicklung im letzten Jahr sowie in den letzten drei und fünf Jahren anzeigen und wollen dabei eine klare Aufwärtsbewegung sehen, um uns weiter mit einer Aktie zu beschäftigen. Die Faustregel besagt dabei: mindestens 50 Prozent mehr, lieber noch eine Verdoppelung des Kurses (100 Prozent Steigerung) in den letzten fünf Jahren. Aktien, deren Kurs sich in dieser Zeit langsam, aber sicher nach unten bewegt, oder solche, die in einer Seitwärtsbewegung auf der Stelle treten, sind nicht empfehlenswert, wenn du zukünftig Gewinne einfahren willst. Ein Beispiel dafür ist die Zalando-Aktie, die nach Höhenflügen in der Coronazeit 2020/2021 stark an Wert verlor, sobald der stationäre Handel wieder öffnete, und seitdem auf der Stelle dümpelt. Verantwortlich dafür sind außerdem neue

Mitbewerber wie Shein, die ebenfalls günstige Mode anbieten. Ein völlig anderes Bild bietet dagegen der Kurs des Chipherstellers Nvidia, der sich im selben Zeitraum steil nach oben bewegt hat.

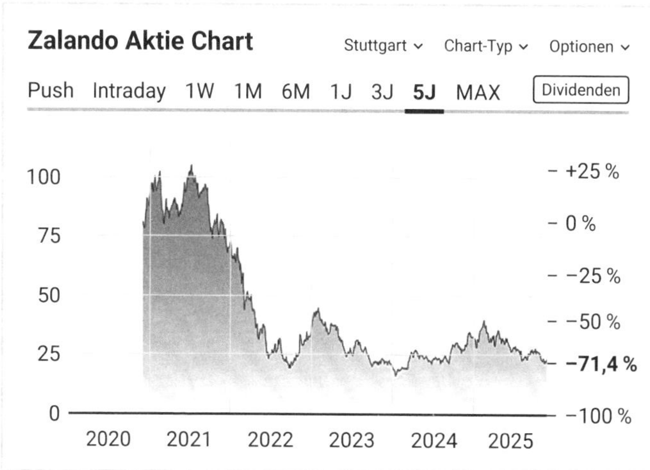


Abb. 16: 5-Jahres-Verlauf der Zalando-Aktie[46]

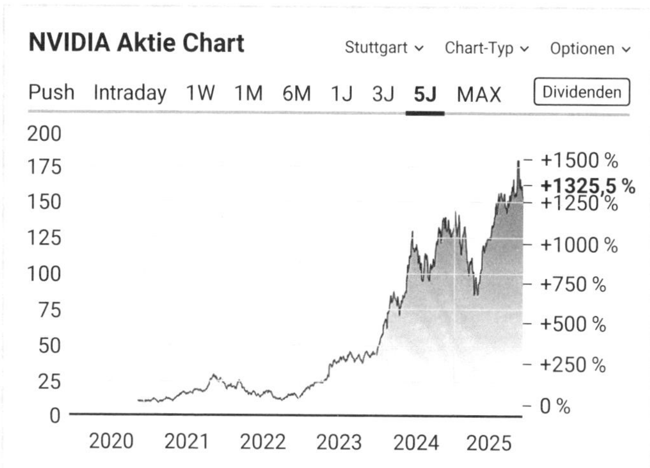


Abb. 17: 5-Jahres-Verlauf der Nvidia-Aktie[47]

## Tradingview als nützliches Tool

Um zu entscheiden, wann du in ein Unternehmen einsteigst, nutzt du am besten Tradingview. Im Rahmen der DPS-Strategie musst du dazu den aktuellen Hochpunkt einer Aktie ermitteln. Dazu rufst du den Jahreschart der Aktie auf, hier am Beispiel von Blackstone. Wichtig: Der für dich maßgebliche Hochpunkt der Aktie ist nicht der auf den ersten Blick höchste Stand, sondern der Zeitpunkt, zu dem die Aktie das letzte Mal um 20 oder mehr Prozent gestiegen ist. Tradingview ist deshalb die beste Plattform für diese Analyse, weil du dort mithilfe des Lineals in der Toolleiste die prozentualen Kursanstiege in verschiedenen Zeiträumen automatisch messen kannst. Im vereinfachten Chart ist das leider nicht darstellbar.

Abb. 18: Markieren des aktuellen Hochpunktes einer Aktie am Beispiel Blackstone

Vielleicht ist dir aufgefallen, dass der Tradingview-Chart keine einfache Linie bildet, sondern durch kleine Stäbe gebildet wird. Diese zeigen die Hoch- und Tiefpunkte eines Aktienkurses zu verschiedenen Zeiträumen (je nach Einstellung von Stunden bis zu Monaten) an. Im Börsenjargon spricht man von »Kerzen« (Candlesticks), weil jeder Stab oben wie unten eine dünne Linie aufweist, die wie ein Docht aussieht.

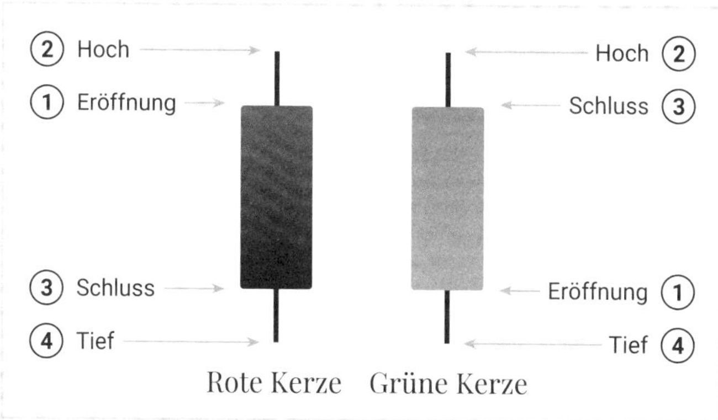


Abb. 19: »Kerzen« (Candlesticks) und ihre Bedeutung

Der Docht oben markiert den jeweiligen Hochpunkt, der untere den Tiefpunkt. Der dicke Körper der Kerze zeigt dagegen den Eröffnungs- und den Schlusskurs. Rote Kerzen (hier links/dunkelgrau) bilden dabei fallende Kurse ab (Eröffnungskurs oben, Schlusskurs unten). Grüne Kerzen (hier rechts/hellgrau) zeigen Kursanstiege an (Schlusskurs oben, Eröffnungskurs unten). Je länger die Kerzenkörper (»Stäbe«) sind, desto stärker hat sich der Kurs im betreffenden Zeitraum verändert. Lange Kerzen zeigen eine höhere Schwankungsbreite des Kurses (Volatilität) an.

### Welche Aktien bieten sich für die DPS-Strategie an?

Aktien, die eine gewisse Schwankung aufweisen, sind für die DPS-Strategie eher von Interesse als solche, deren Kurs sich nur langsam und stetig bewegt. Schließlich wollen wir investieren, wenn die Aktie eines vielversprechenden Unternehmens um mindestens 20 Prozent gefallen ist, mit der Perspektive auf einen Wiederanstieg, ggf. nach weiteren Kursverlusten. Um auszuloten, ob eine Aktie für die

DPS-Strategie infrage kommt, schaust du dir am besten auf Tradingview den Kursverlauf der letzten fünf Jahre an: Wie häufig gab es in diesem Zeitraum Kursrückgange um 20 Prozent oder mehr? Miss mit dem Linealwerkzeug bei Tradingview nach. So ermittelst du die Zahl deiner Einstiege. Ein Beispiel: Ist eine Aktie in den letzten fünf Jahren acht Mal um minus 20 Prozent oder mehr gefallen, bevor sie sich wieder erholt hat, sind das durchschnittlich 1,6 Kursrücksetzer pro Jahr (8 geteilt durch 5). Gehen wir davon aus, dass sich diese Entwicklung aktuell fortsetzt, wären zwei Einstiege beim betreffenden Unternehmen (1,6 aufgerundet) möglich. Sicherheitshalber planen wir immer drei Einstiege, um für weitere Kursrücksetzer genügend Investitionskapital zu haben. Dazu teilst du die Summe, die du investieren möchtest, in mindestens drei Tranchen auf, und zwar so, dass jede Tranche gegenüber der vorigen um 25 Prozent höher ist. (Dafür nimmst du die Summe also mal 1,25.) Steigt der Kurs schon nach der Investition deiner ersten oder zweiten Tranche um mehr als 15 Prozent, platzierst du entsprechend der DPS-Strategie eine Stop-Loss-Order und verkaufst ggf. schon früher. Steigt der Kurs sogar stärker, verschiebst du die Stop-Loss-Order nach oben. Ist eine Aktie sehr volatil und hat in den letzten fünf Jahren beispielsweise 18 Rücksetzer erlebt, teilst du dein Kapital in mehr Tranchen, in diesem Fall in vier (18 geteilt durch 5 = 3,6, aufgerundet). Das bedeutet, die DPS-Strategie kommt immer in drei Schritten zum Einsatz:

| **Schritt 1** | **Schritt 2** | **Schritt 3** |
|---|---|---|
| Bestimmen des Hochpunktes: Wann ist die Aktie im laufenden Jahr das letzte Mal um 20 Prozent oder mehr gestiegen? | Bestimmen der Zahl der voraussichtlichen Einstiege: Wie oft ist die Aktie in den vergangenen fünf Jahren um 20 Prozent oder mehr gesunken? $\frac{\text{Anzahl der Rücksetzer}}{5} = \text{Zahl der Einstiege}$ | Aufteilen der Investition in diese Aktie in die Zahl der Tranchen:<br>Tranche 1<br>Tranche 2 = 1 + 25 %<br>Tranche 3 = 2 + 25 % |

Chartanalyse bei der DPS-Strategie

Die Aktienauswahl ist also geprägt durch die Investitionsstrategie. Bist du eher eine Investorin, die Aktien kaufen und langfristig halten will (Buy-and-Hold), schaust du dir den Aktienmarkt unter anderen Gesichtspunkten an. Dazu komme ich im nächsten Abschnitt.

### Diversifizierung: Welche Branchen gibt es?

Bleibt noch die Frage, wie du dein Kapital am besten unter verschiedenen Unternehmen aufteilst. Um das Risiko von Verlusten zu begrenzen, solltest du immer in verschiedene Branchen investieren (Diversifizierung). Doch welche Branchen gibt es? Die Ratingagentur Standard & Poor's (S&P) und der Finanzdienstleister Morgan Stanley Capital International (MSCI) haben 1999 eine umfangreiche Klassifizierung herausgebracht, den Global Industry Classification Standard (GICS), der auch in die Entwicklung von Aktienindizes einfließt. Der GICS unterteilt die Wirtschaftswelt in 11 Sektoren, 25 Industriezweige, 74 Industrien und 163 Subindustrien.[48] Die Sektoren sind

- Energie (Energy):
  Gewinnung fossiler Energieträger (z. B. Shell, BP)
- Roh- und Grundstoffe (Materials):
  Gewinnung oder Herstellung von Stoffen, die in vielen Industriezweigen benötigt werden (z. B. BHP Group Limited, Air Liquide)
- Industriegüter (Industrials):
  Produktion von Investitionsgütern für gewerblichen und öffentlichen Sektor und damit verbundene Dienstleistungen (z. B. Thyssenkrupp, Zeiss, COSCO Shipping, DHL)
- Nicht-Basiskonsumgüter (Consumer Discretionary):
  Konsumgüter, die nicht zum täglichen Bedarf gehören, wie etwa Textilien, Hotels, Autos (z. B. Hermès, Marriott International)

- Basiskonsumgüter (Consumer Staples):
  Verbrauchsgüter des täglichen Bedarfs, wie etwa Lebensmittel und Haushaltsartikel (z. B. Walmart, Beiersdorf)
- Gesundheitswesen (Health Care):
  Dienstleistungen und Produkte im Gesundheitsbereich wie etwa Pharmazeutika, Biotechnologie, Klinikausstattungen (z. B. Biontech, Siemens Healthineers, GlaxoSmithKline)
- Finanzen (Financials):
  Banken, Versicherungen, Finanzdienstleistungen (z. B. Morgan Stanley, Mastercard)
- Informationstechnologie (Information Technology):
  Soft- und Hardware, Halbleiter (z. B. Microsoft, Apple, Nvidia)
- Kommunikationsdienstleistungen (Communication Services):
  Mobilfunkanbieter, Medien, Internet (z. B. Netflix, Meta)
- Versorgungsunternehmen (Utilities):
  Gas-, Strom-, Wasserversorger, Erneuerbare Energien, Abfallwirtschaft (z. B. E.ON, Veolia Water)
- Immobilien (Real Estate):
  Immobiliengesellschaften im privaten oder gewerblichen Bereich (z. B. Vonovia, Realty Income)

Nehmen wir an, du willst insgesamt 10 000 Euro mithilfe der DPS-Strategie investieren. Dann wirst du diese Summe auf verschiedene Branchen und Aktien verteilen. Beispielsweise könntest jeweils rund 2 000 Euro pro Aktie vorsehen. Diese Summe würdest du dann jeweils in die ermittelte Anzahl von Tranchen aufteilen (mindestens drei, manchmal mehr Tranchen) und investieren, sobald der Kurs die gewünschte Richtung nimmt. Dafür solltest du die Kurse laufend verfolgen und mindestens einmal wöchentlich checken. Außerdem kommt es darauf an, den Überblick über das investierte Kapital zu behalten. Das funktioniert am besten mit einer entsprechenden

Excel-Tabelle. Im Mentoring-Programm haben wir dafür eine entsprechende Vorlage entwickelt, die zugleich verschiedene Auswertungen ermöglicht. Natürlich kannst du auch dein eigenes Formular entwickeln oder handschriftlich Buch führen.

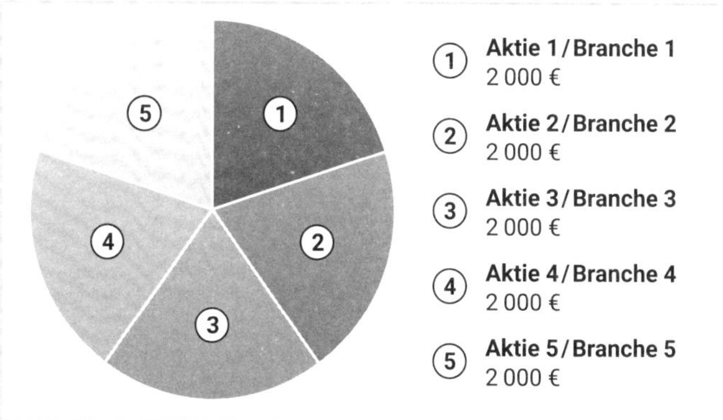


Abb. 20: Diversifizierung von 10 000 Euro investiertem Kapital

## Die Dividendenstrategie als Alternative (Buy-and-Hold)

Bisher sind wir davon ausgegangen, dass du mit Aktien Gewinne erzielst, indem du sie zum richtigen Zeitpunkt verkaufst, nämlich dann, wenn der Kurs möglichst deutlich über deinem Einstiegspreis bzw. dem mit der DPS-Strategie erzielten Durchschnittspreis liegt. Eine weitere Möglichkeit, mit Aktien Geld zu verdienen, sind Dividenden. Viele – nicht alle – Unternehmen schütten regelmäßig einen Teil ihrer Gewinne an Aktionäre aus. In den USA und Kanada geschieht das quartalsweise, in Großbritannien, Australien oder Japan halbjährlich, in Deutschland, Frankreich und der Schweiz jährlich. Diese Dividenden sind eine Möglichkeit, dir ein passives Einkommen aufzubauen – Geld, das auf dein Konto fließt, ohne dass du dafür extra arbeiten musst. Ein schöner Gedanke, oder? Einen gewissen zeitlichen Einsatz verlangt das Ganze aber schon, denn du musst natürlich herausfinden, welche Unternehmen regelmäßig solide Dividenden zahlen. Dazu solltest du wissen, dass ein Unternehmen nicht verpflichtet ist, weiter jedes Quartal oder jedes Jahr eine Dividende zu zahlen, nur weil es einmal damit angefangen hat. In wirtschaftlich schwierigen Zeiten kann die Dividende gesenkt werden oder auch ganz ausfallen. Über das Ob und Wie, also über die Höhe der Dividende, entscheidet die Jahreshauptversammlung eines Aktienunternehmens. Dabei folgen die Aktionäre in der Regel der Empfehlung des Vorstandes.

## Wer zahlt Dividenden?

Da Dividenden aus den Gewinnen oder dem Cashflow eines Unternehmens bezahlt werden, senden diese damit gleichzeitig die Botschaft: »Wir sind wirtschaftlich erfolgreich. Aktionärinnen, euer Geld ist bei uns gut aufgehoben!« Allein darauf solltest du dich aber nicht verlassen, sondern dir wie bei jeder Aktieninvestition die relevanten Kennzahlen und das Geschäftsmodell genau anschauen. Langjährige Dividendenzahler sind vor allem große, etablierte Unternehmen, die weltweit vertreten sind, eine gute Marktposition haben und einen starken Burggraben aufweisen. Große Wachstumssprünge sind bei Unternehmen dieser Art allerdings kaum zu erwarten, eher punkten sie durch ihr stabiles Behaupten am Aktienmarkt. Im Internet findest du verschiedene Dividendenkalender.[49] Dort kannst du dir einen ersten Überblick verschaffen, wer für dein Investment infrage kommen könnte. Wenn ein Unternehmen mehr als 25 Jahre lang eine stetig steigende Dividende ausgezahlt hat, spricht man übrigens von »Dividenden-Aristokraten«. Dominiert wird diese Liste von US-Unternehmen wie Wal Mart, Coca Cola, Procter & Gamble, 3M, McDonald's usw.[50] Procter & Gamble beispielsweise zahlt seit 1890 jährlich wachsende Dividenden und ist damit einer der »Dividendenkönige«.

Bei einer Dividendenstrategie kaufst du also bewährte Aktien (»Value-Aktien«) und hältst sie längere Zeit – in meinem Verständnis mindestens fünf Jahre. Es können aber auch zehn oder zwanzig

Jahre sein, wenn ein Unternehmen verlässlich eine solide Dividende zahlt. Aus diesem Grund spricht man auch von einer »Buy and hold«-Strategie. Natürlich setzt du auch bei dieser Strategie auf Kursgewinne. Du solltest niemals in Unternehmen investieren, die sich erkennbar auf dem absteigenden Ast befinden. Bei Value-Aktien fallen die Kursgewinne in der Regel bescheidener aus als bei (meist jüngeren) Wachstumsunternehmen, deren Kurs rasantere Kurven nimmt – nach oben, aber auch nach unten, wodurch sie sich für die DPS-Strategie eignen. Damit sind schon zwei Schlüsselbegriffe gefallen, mit denen Aktien kategorisiert werden: »Value-Aktien« und Wachstumsaktien (»Growth-Aktien«). Schauen wir uns die gängigen Schubladen für Aktien kurz näher an:

- Value-Aktien (Substanzwerte): Unternehmen, die sich schon lange am Markt behaupten, aber kein rasantes Wachstum mehr aufweisen (z. B. Coca Cola, Unilever oder in Deutschland BMW oder Siemens). Interessant sind hier vor allem Aktien, die als unterbewertet gelten und langfristig Potenzial haben.
- Growth-Aktien (Wachstumsaktien): Unternehmen mit hohem Wachstumspotenzial, oft im Tech-Sektor angesiedelt (z. B. Nvidia, Tesla, Apple, Amazon, Shopify). Sie wachsen schneller als der Markt und Analysten trauen ihnen weiteres Wachstum zu.
- Dividenden-Aktien: Unternehmen, die regelmäßig Dividenden ausschütten.
- Blue-Chip-Aktien: Sehr große, etablierte Unternehmen mit hoher Marktkapitalisierung und hohem Umsatz, sozusagen die Riesen an der Börse – analog zu den blauen und teuersten Jetons im Casino. Blue Chips findest du in den Aktienindizes wie DAX oder Dow Jones (z. B. SAP, Siemens, Airbus, Deutsche Telekom oder IBM, Nike, Boeing).
- Small-Cap-Aktien: Kleinere Unternehmen mit hohem Wachstumspotenzial, aber auch höherem Risiko. Small Caps werden aufgrund ihrer geringen Marktkapitalisierung (»Small Capitalization«) auch als »Nebenwerte« bezeichnet.

Wie du vielleicht schon bemerkt hast, überschneiden sich diese Kategorien teilweise. So können Blue-Chip-Aktien sowohl Value-Aktien als auch Growth-Aktien sein. Google oder Apple sind z. B. Blue-Chip-Growth-Aktien, während Siemens oder IBM zu den Blue-Chip-Value-Aktien zu zählen sind. Und während Value-Aktien eher Dividenden ausschütten als Growth-Aktien, gibt es auch Growth-Aktien, die das tun. Amazon oder Tesla als klassische Beispiele für Growth-Aktien haben allerdings noch nie eine Dividende ausgezahlt. Sie reinvestieren ihre Gewinne und lassen Anleger an ihren in der Vergangenheit teils rasanten Kursgewinnen teilhaben.

### Für wen eignet sich die Dividendenstrategie?

Für mich steht die Dividendenstrategie nicht im Vordergrund, da es mir vor allem darum geht, mithilfe von Kursgewinnen hohe Renditen zu erzielen und ein Vermögen aufzubauen. Ich habe einige Substanzwerte im Portfolio, konzentriere mich aber auf die DPS-Strategie. Wenn du bereits ein Vermögen besitzt und eher darauf bedacht bist, dieses abzusichern und mindestens die Inflation auszugleichen, dann wirst du die Dividendenstrategie möglicherweise bevorzugen. Das Gleiche gilt, wenn du eher risikoarm in Aktien investieren möchtest, die stabile, wenn auch nicht sehr hohe Renditen abwerfen. Und du könntest natürlich das eine tun, ohne das andere zu lassen. Mein Tipp: Baue dein Portfolio wie ein gutes Haus. Du brauchst ein Fundament, und in meinen Augen könnten das zum Beispiel globale ETFs sein, mit denen du wenig Arbeit hast und von denen du langfristig profitierst (mehr dazu in Kapitel 6). Dann brauchst du tragende Wände. Dafür eignen sich Substanzwerte, also Value-Aktien – Unternehmen mit solidem Geschäftsmodell, Wettbewerbsvorteilen und finanzieller Gesundheit. Und das Dach bilden Wachstumswerte mit mehr Risiko, aber auch mit mehr Potenzial. Das Dach pimpt sozusagen dein Haus auf und bringt ein bisschen Tempo in deinen Vermögensaufbau, indem du Gewinne mitnimmst und immer wieder heraushüpfst aus diesen Unternehmen. Dazu nutzt du die DPS-Strategie.

Zurück zur Dividendenstrategie. Um dir ein Gefühl dafür zu geben, wie hoch deine Einnahmen ausfallen könnten, folgendes Beispiel: Wenn ein Unternehmen aktuell pro Aktie jährlich 1,20 Euro Dividende ausschüttet und du 500 Euro Dividende pro Jahr erhalten möchtest, brauchst du dafür etwa 416 Aktien. Wenn eine Aktie 50 Euro kostet, würde das bedeuten, dass du etwa 20 800 Euro in das Unternehmen investieren müsstest, um diese Dividende zu erzielen. Achtung: Diese 500 Euro Dividende werden noch versteuert, falls dein Freibetrag überschritten ist (was allerdings auch für realisierte Kursgewinne bei Aktienverkäufen gilt). Um ernsthaft von einem passiven Einkommen zu sprechen, muss man also viele Aktien eines Unternehmens besitzen.

### Dividendenrendite, Dividendenwachstum und Ausschüttungsquote

Oft wirst du im Zusammenhang mit Dividenden auf den Begriff »Dividendenrendite« stoßen. Die Dividendenrendite wird berechnet, indem du die Dividende pro Aktie durch den aktuellen Kurs teilst und das Ergebnis mit 100 multiplizierst. In unserem Beispiel bedeutet das: 1,20 Euro geteilt durch 50 Euro = 0,024. Mal 100 ergibt das eine Dividendenrendite von 2,4 Prozent. Ein Blick in einen Dividendenkalender zeigt dir, dass es sowohl Unternehmen gibt, die zum jeweiligen Zeitpunkt eine höhere Dividendenrendite aufweisen, als auch solche, deren Rendite darunter liegt. Aktuell zahlen von den 4 285 Unternehmen, die unter https://aktienfinder.net/dividenden-kalender gelistet sind, 2 750 mehr als 2 Prozent Dividende, 1 930 mehr als 3 Prozent, 1 294 mehr als 4 Prozent und 834 mehr als 5 Prozent Rendite.[51] Für sich genommen ist dieser Wert jedoch nur begrenzt aussagekräftig, denn die prozentuale Dividendenrendite steigt auch dann, wenn der Kurs einer Aktie sinkt. Nehmen wir wieder unser Beispiel: Wenn die

Dividende pro Aktie bei 1,20 Euro bleibt, der Kurs jedoch von 50 Euro auf 40 Euro fällt, erhöht sich die Dividendenrendite auf 3 Prozent, obwohl die Dividendenzahlung unverändert bleibt (1,20 € geteilt durch 40 €, mal 100). Daher solltest du nicht nur auf die Dividendenrendite achten, sondern immer auch auf den Aktienkurs des Unternehmens und seine Entwicklung.

Auch eine zweite Kennzahl, die der Einschätzung von Unternehmen dient, das Dividendenwachstum, betrachtet man am besten nicht isoliert. Nehmen wir an, unser Beispielunternehmen zahlt in diesem Jahr wie gesagt 1,20 Euro, und im nächsten Jahr steigt die Dividende auf 1,30 Euro. Dann wäre das ein Wachstum von 8,3 Prozent. Sind es im Jahr darauf 1,36 Euro, wäre das ein Wachstum von 4,6 Prozent (bezogen auf 1,30 €). Im Jahr darauf wären es 1,39 Euro, ein Wachstum von 2,2 Prozent (bezogen auf 1,36 €) – und so fort. Das ist natürlich grundsätzlich attraktiv, muss aber ebenfalls vor dem Hintergrund der sonstigen Entwicklung eines Unternehmens betrachtet werden. Manche Unternehmen nutzen hohe Dividenden als Lockmittel, obwohl sie finanziell nicht gut dastehen. Du möchtest dein Geld sicherlich nicht in ein Unternehmen investieren, das hohe Dividenden zahlt, aber an sich in finanziellen Schwierigkeiten steckt. Grundsätzlich sind die Kontinuität der Dividendenzahlung sowie eine stetig steigende Dividende jedoch Indizien für ein wirtschaftlich stabiles Unternehmen. Deshalb ist es hilfreich, dass dir der Dividendenkalender beim Klick auf ein Unternehmen sowohl seine Dividendenhistorie anzeigt als auch eine Prognose für die Zukunft abgibt.

Eine weitere Dividenden-bezogene Kennzahl ist die Ausschüttungsquote (Payout Ratio), die angibt, wie viel Prozent seines Gewinns ein Unternehmen als Dividende auszahlt. Diese Quote erhältst du, indem du die Dividende pro Aktie durch den Gewinn nach Steuern pro Aktie teilst und das Ergebnis mit 100 multiplizierst. Läge in unserem Beispiel der Gewinn pro Aktie bei 1,80 Euro, ergibt das bei einer Dividende von 1,20 Euro eine Ausschüttungsquote von 67 Prozent (1,20 € geteilt durch 1,80 € = 0,67, gerundet, mal 100). Zwei Drittel des Gewinns werden in diesem Fall an die Aktionäre verteilt, ein Drittel reinvestiert. Aktienexperten gehen davon aus, dass Ausschüttungsquoten von 30 bis 75 Prozent »gesund« sind. Würde ein Unternehmen mehr als 100 Prozent seines Gewinns ausschütten, lebte es von der Substanz, um Aktionäre zufriedenzustellen. Im Beispiel wäre das etwa bei einer Dividende von 2 Euro bei einem Gewinn pro Aktie von 1,80 Euro der Fall. So etwas kann auf Dauer nicht gutgehen.

Fun Fact zum Schluss: Manche Unternehmen belohnen Aktionäre auch mit Sachdividenden. Legendär ist der Schokoladenkoffer der Schweizer Firma Lindt & Sprüngli, den jeder bekommt, der eine Namensaktie hält und an der jährlichen Hauptversammlung teilnimmt. Wermutstropfen: Die Lindt & Sprüngli-Aktie kostet um die 120 000 Euro und hat damit seit dem Börsengang 1997 stolze 2 000 Prozent zugelegt. Auch »Aktionärsrabatte«, »Aktionärsclubs« und selbst die Verpflegung auf Hauptversammlungen sind für manche Aktionäre ein netter Nebeneffekt des Aktienbesitzes – aber natürlich kein Grund, in ein bestimmtes Unternehmen zu investieren!

## Wie setzt du die Dividendenstrategie konkret um?

Ganz ähnlich wie bei der DPS-Strategie beginnst du auch bei der Dividendenstrategie mit einer sorgfältigen Analyse der Unternehmen. Dafür kannst du die folgende Checkliste nutzen, die du ebenfalls über den QR-Code am Ende des Buches zum Herunterladen findest. Bei Infos zu Geschäftsmodell und Branche kannst du dir inzwischen von einer KI (wie ChatGPT) helfen lassen, solltest aber zentrale Daten vorsichtshalber gegenchecken. Wachstumsschätzungen für die nächsten fünf Jahre sind bei Stockanalysis unter dem Reiter »Forecast« verzeichnet oder kostenpflichtig bei Eulerpool (https://eulerpool.com) zu finden. Auf welche Finanzkennzahlen du zu achten hast und wie sie einzuschätzen sind, hast du im Abschnitt zur DPS-Strategie gelesen. Wichtig sind hier neben der Marktkapitalisierung und der positiven Entwicklung von Umsatz und Gewinn auch der Verschuldungsgrad, der Free Cash Flow und die PEG-Ratio. Negativmeldungen zum

Unternehmen und zum Management solltest du aufmerksam verfolgen, denn auch Substanzwerte können ins Trudeln kommen. Ein Beispiel ist die Bayer-Aktie, bei der Anleger seit 2015 insgesamt über drei Viertel ihres Kapitals verloren haben.[52] Dabei spielte die Übernahme des US-Konzerns Monsanto 2018 und die folgende Klagewelle gegen den dort hergestellten Unkrautvernichter Glyphosat eine Rolle. Ein Warnsignal sind auch häufige Führungswechsel oder der Weggang eines erfolgreichen CEO.

## Dividendenstrategie

| Meine Aktie: | Kürzel: | WKN*: |
|---|---|---|
| **Geschäftsmodell und Branche** | | |
| • Geschäftsmodell | | |
| • Branche | | |
| • Vorteile gegenüber dem Wettbewerb | | |
| • Wachstumsschätzung 5 Jahre | | |
| • Dividende ja/nein, wie hoch? | | |
| • Ausschüttungsquote in Prozent? | | |
| **Finanzanalyse** | | |
| • Besonders gute Finanzkennzahlen | | |
| • Schwache Finanzkennzahlen | | |
| **Management und Führung** | | |
| • Wer leitet das Unternehmen? | | |
| • Wie lange schon? | | |
| • Gibt es negative News zum Management? | | |

**Investmenthorizont**

- Meine Investitionssumme
- Geplante Dauer des Investments
- Realistische Renditeerwartung (vgl. 5-Jahres-Performance)

**Langfristige Wachstumstreiber**

1.
2.
3.

**SWOT-Analyse**

| + Stärken, Chancen | – Risiken, Schwächen |
| --- | --- |

**Exit- und Risikomanagement**

- Stop-Loss-Order setzen.
- 1 × im Jahr Unternehmensdaten fundamental überprüfen.
- Evtl. Teilverkäufe tätigen, d. h. Gewinne mitnehmen und zur Diversifizierung des eigenen Portfolios nutzen.
- Niemals »All in« gehen, d. h. nie alles Geld (oder einen Großteil) in eine Aktie.

**Notizen**

* WKN ist die Wertpapierkennnummer, die du auf Aktiencharts bei onvista und finanzen.net unter dem Unternehmensnamen findest.

Im Abschnitt »Investmenthorizont« hältst du deine Investitionssumme sowie die Dauer deines Investments fest. Wie viel deines Kapitals willst du hier wie lange anlegen und welche Rendite erwartest du im 5-Jahres-Horizont? Dabei gehst du am besten von der Performance in der Vergangenheit und den erwähnten Analystenprognosen aus. Auch langfristige Wachstumstreiber des Unternehmens sollten in deine Einschätzung einfließen. ChatGPT oder ein anderes KI-Tool leisten hier wiederum gute Dienste. Auf die Anforderung einer Kurzzusammenfassung der Wachstumstreiber des Halbleiterherstellers Nvidia lautet die Antwort von ChatGPT beispielsweise: *»Nvidias Wachstum treibt vor allem GPU-Entwicklung für Gaming, Rechenzentren und AI, gestützt durch CUDA/cuDNN und KI-Tools. Automotive-Plattformen (NVIDIA DRIVE), Data-Center-Ökosystem und Cloud-Partner stärken das Geschäft. Eine starke Plattform-/Ökosystem-Strategie plus Automatisierung in Branchen sorgt für langfristiges Wachstum.«*

Schließlich habe ich auch eine SWOT-Analyse in das Formular aufgenommen. Die Abkürzung steht für Strengths/Weaknesses, Opportunities/Threats also Stärken/Schwächen, Chancen/Risiken. Dabei geht es vor allem darum, sich eine Aktie nicht schönzureden, sondern auch mögliche Gefahren im Blick zu behalten. Hier, was ChatGPT bei der Bitte um eine Kurzfassung zu den Risiken und Schwächen des Vorzeigeunternehmens Nvidia aus dem Netz fischt und zusammenstellt: *»Nvidia ist stark zyklischen Halbleitermärkten, Lieferkettenrisiken und Konkurrenzdruck ausgesetzt, was Umsatz- und Margenwirkungen erzeugt. Die Abhängigkeit von CUDA/Software-Ökosystemen sowie Großkunden kann Abhängigkeiten und Preisdruck verstärken. Zudem bestehen Risiken durch Regulierung, hohe F&E-Kosten, Währungs-/Zinsrisiken sowie potenzielle disruptive Technologien, die die Führungsposition gefährden könnten.«* Wenn du überlegst, einem Unternehmen dein Geld anzuvertrauen, kannst du solchen Hinweisen durch eigene Recherche weiter nachgehen und dann entscheiden.

Auch bei der Dividendenstrategie gilt: Als kluge Aktionärin handelst du nicht ad hoc und aus dem Bauch heraus, sondern planvoll.

Dazu gehört, dass du dir von vornherein eine Exit-Strategie überlegst: Wann würdest du aus deiner Value-Aktie wieder aussteigen? Wenn sich schlechte Pressemeldungen häufen? Wenn Kursgewinne rückläufig sind und unter die Schwelle x fallen? Ist der Kurs in den letzten Jahren stark gestiegen, kannst du Teilverkäufe tätigen oder mit der Stop-Loss-Order arbeiten, um deinen Gewinn abzusichern. Hier ist wichtig zu beachten: Lasse mindestens zehn Prozent Luft zwischen dem aktuellen Preis und der Stop-Loss-Order, damit du möglichst lange noch im Spiel bleibst. Auch eine Orientierung am »gleitenden Durchschnitt (GD)« (englisch EMA für »Exponential Moving Average«) ist möglich und ratsam, insbesondere am GD 200. Dieser berechnet den durchschnittlichen Aktienkurs der jeweils 200 vorausgegangenen Tage und kann als Kurve im Aktienchart angezeigt werden (etwa bei Tradingview unter dem Menüpunkt »Indikatoren«). Bewegt sich die GD-Kurve nach unten und liegt der aktuelle Aktienpreis noch darunter, deutet dies auf einen Abwärtstrend hin.

Etwa einmal im Jahr überprüfst du am besten, ob das Unternehmen weiterhin auf einem guten Weg ist oder ob bei Fundamentalanalyse oder technischer Analyse Warnhinweise hochpoppen. Dann solltest du dich auch bei längerfristigen Investments konsequent von einer Aktie trennen, getreu dem Börsenmotto »Verliebe dich niemals in eine Aktie!« Man könnte auch sagen: Während du bei der DPS-Strategie eine Aktie für eine kurze Zeit datest, gehst du bei der Dividendenstrategie nach reiflicher Überlegung eine längere Beziehung ein, aber schließt niemals einen Bund fürs Leben!

## Praktische Hinweise zum Einstieg: Brokerauswahl und Orderarten

Nach diesem Aktienüberblick hast du hoffentlich Lust bekommen, an der Börse loszulegen! Doch wie funktioniert das ganz praktisch? Um Aktien zu kaufen oder zu verkaufen, arbeitest du mit einem Broker zusammen, der als Mittelsmann deine Kauf- und Verkaufsaufträge ausführt. Diese Aufträge werden »Order« genannt. Neben klassischen Online-Brokern, die Banken angegliedert sind, gibt es inzwischen eine Reihe von sogenannten Neo-Brokern, die auf eine Filialinfrastruktur verzichten und daher günstiger sind. Für den Kauf und Verkauf von Aktien wird in der Regel eine Ordergebühr fällig, die bei Neo-Brokern niedriger ist als bei klassischen Banken. Darauf zu achten lohnt sich insbesondere, wenn du regelmäßig Aktien kaufst und verkaufst, wie es bei der DPS-Strategie der Fall ist. Neobroker haben keine Vollbanklizenz, d. h., sie konzentrieren sich auf den Handel mit börsennotierten Werten und bieten nicht alle Dienstleistungen einer klassischen Bank an. Bei der Einlagensicherung gilt grundsätzlich dasselbe wie bei einer Bank: Guthaben auf dem Verrechnungskonto deines Depots, also Gelder, die (noch) nicht investiert wurden, sind bis zu 100 000 Euro pro Person und Institut gesetzlich geschützt. Solltest du also bei einem Neo-Broker Geld deponieren, das für den Aktienkauf vorgesehen ist, wäre dieses im Falle einer Insolvenz bis zu dieser Grenze abgesichert. Deine Aktien und ETFs selbst gelten als Sondervermögen und wären von einer (rein hypothetischen) Pleite des Brokers nicht betroffen.

### Welcher Broker kommt infrage?

Der erste konkrete Schritt deiner Karriere als Aktionärin besteht also darin, dich für einen Broker zu entscheiden und dort ein Depot zu eröffnen. Im Internet findest du Vergleichsseiten, mit denen du dir einen Überblick verschaffen kannst. Hilfreich finde ich https://online-broker-vergleich.focus.de/ und https://www.finanzfluss.de/vergleich/depot/. Worauf solltest du achten, bevor du deine Wahl triffst? Hier eine Übersicht:

- *Höhe der Ordergebühren:* Diese variieren beträchtlich, müssen aber im Zusammenhang anderer Leistungen betrachtet werden, beispielsweise ob zusätzlich Depotgebühren anfallen. Manche

Broker bieten daneben zum Einstieg für ein Jahr niedrigere Gebühren, andere locken mit Gutscheinen, Wechselprämien usw.

- *Breite des Angebots:* In welchen Ländern und an welchen Börsen ist der Broker aktiv? Welche Produkte außer klassischen Aktien handelt er (beispielsweise auch Kryptowährungen, falls das für dich interessant sein sollte)?
- *Support:* Zu welchen Uhrzeiten gibt es Support und in welchen Sprachen? Kannst du auf Deutsch kommunizieren, falls das wichtig für dich ist? Gibt es einen Live Chat?
- *Sicherheit:* Wie ist dein Konto geschützt? Gibt es eine zweifache Verifizierung, etwa durch einen zusätzlichen Code, der dir aufs Handy geschickt wird? Wie leicht könnte man dein Password knacken?
- *Versteckte Kosten:* Fallen zusätzliche Gebühren an, etwa Negativzinsen bei Nichtnutzung des Depots (wenn du einige Zeit keine Käufe oder Verkäufe tätigst) oder für bestimmte Sonderleistungen (z. B. für die Eintrittskarte zu einer Aktionärsversammlung). Hier lohnt es sich, das Kleingedruckte zu lesen.
- *Kostenloses Demokonto:* Ein solches Musterkonto, mit dem du einige Zeit experimentieren kannst, bieten nicht alle Trader an. Ganz am Anfang ist dies jedoch ratsam, um dich damit vertraut zu machen, wie der Handel funktioniert und wie bestimmte Order in Auftrag gegeben werden. Dafür stellt dir das Demokonto »Spielgeld« zur Verfügung, mit dem du gefahrlos den Ernstfall proben und die Umsetzung der von dir gewählten Strategie üben kannst.

Meine Empfehlung: Informiere dich über die verschiedenen Anbieter und entscheide dann beherzt. Über den QR-Code am Ende des Buches findest du ein Arbeitsblatt »Broker-Auswahl« zum Herunterladen. Dort kannst du deine Rechercheergebnisse notieren. Zögere nicht zu lange – ein Wechsel des Brokers ist jederzeit möglich, wenn du unzufrieden bist. Der neue Broker bietet meist einen »Umzugsservice« an, sodass du dich nach der Anmeldung dort selbst um nichts kümmern musst. Wenn du bereits ein großes Vermögen von mehr als 100 000 Euro besitzt, solltest du wegen der Einlagensicherung mit mehreren Brokern zusammenarbeiten. Dasselbe gilt, wenn es für dich übersichtlicher ist, Anlageformen zu trennen und beispielsweise deine ETFs mit einem und deine Einzelaktien mit einem anderen Broker zu managen. Viele meiner rund 2000 Mentees in den letzten Jahren haben sich übrigens für die Broker Trade Republic, Scalable Capital oder Finanzen Zero entschieden – was nicht heißt, dass ich von anderen abrate.

Grundsätzlich wird empfohlen, Aktien an der jeweiligen Heimatbörse zu kaufen – US-Aktien beispielsweise an der NASDAQ, heimische Aktien an der Frankfurter Börse. Hintergrund ist, dass das Handelsvolumen einer Aktie an deren Heimatbörse im Allgemeinen so hoch ist, dass bei einer Verkaufsabsicht genügend Kaufinteressenten vorhanden sind. Theoretisch könnte es sonst sein, dass du verkaufen willst, sich aber nicht genügend Käufer finden. Bei sehr großen Unternehmen mit hohem Börsenwert – also bei denen, über die wir vorrangig sprechen – ist dies allerdings weniger wichtig. Deren Aktien wechseln normalerweise auch an ausländischen Börsen in ausreichender Stückzahl die Besitzerin. Hinzu kommt, dass wir über eher »kleinere« Ordervolumen (unter 50000 Euro) sprechen, du dich also nicht plötzlich von einer sehr hohen Aktienzahl trennen und entsprechend viele Käufer brauchen würdest.

## Die wichtigsten Orderarten

Im Zusammenhang mit der DPS-Strategie haben wir bereits über die Stop-Loss-Order gesprochen, mit der du dein Investment gegen einen weiteren Kursverlust abschirmst. Hier möchte ich dir die wichtigsten Orderarten in einer kurzen Übersicht vorstellen: die Market-Order, die Limit-Order und die Stop-Order.

- Die *Market-Order* ist schnell erklärt: Damit verkaufst oder kaufst du Aktien während der Börsenöffnung »gleich jetzt« zum aktuellen Marktpreis. Das bedeutet, dein Broker leitet deine Order unmittelbar an den jeweiligen Handelsplatz weiter, und dort wird sie zeitnah zum besten Preis (günstigstem Kaufpreis oder höchstem Verkaufspreis) ausgeführt.

- Die *Limit-Kauforder* legt den maximalen Preis fest, zu dem du eine Aktie kaufen möchtest. Du gibst deinem Broker also die Anweisung, eine Aktie (oder mehrere) erst dann für dich zu ordern, wenn der Preis auf ein bestimmtes Niveau gesunken ist. Beispiel: Der Kurs der Aktie liegt derzeit bei 15 Euro. Deine Limit-Kauforder besagt, der Broker soll x Aktien für dich erwerben, sobald der Preis auf 10 Euro gesunken ist. Diese Orderform ist für die DPS-Strategien nützlich, wenn du nicht ständig in dein Depot schauen und prüfen willst, ob eine Aktie bereits 20 Prozent oder mehr im Kurs gefallen ist.
- Die *Stop-Buy-Order* weist den Broker an, eine Aktie erst dann zu kaufen, wenn sie auf einen bestimmten Preis gestiegen ist. Klingt merkwürdig, denn warum solltest du abwarten, bis die Aktie sich verteuert hat? Sinnvoll ist das, wenn du sichergehen willst, dass nach einem Kursrückgang tatsächlich eine Trendumkehr einsetzt. Deine Order wird in diesem Fall zum günstigsten handelbaren Kurs ausgeführt, nachdem dein Stop erreicht wurde – unabhängig davon, ob dieser Kurs noch höher als dein Stop-Kurs ist oder darunter liegt. Beispiel: Der Kurs der Aktie liegt aktuell bei 7 Euro, du willst einsteigen, wenn er auf mindestens 10 Euro gestiegen ist. Der Kurs macht gleich einen Sprung auf 12 Euro, und dein Broker führt deinen Auftrag aus. Oder umgekehrt: 10 Euro wurden kurz erreicht. Als der Handelsplatz öffnet, sinkt der Kurs gleich wieder auf 9,80 Euro, und der Broker kauft zu diesem Kurs.
- Die *Limit-Verkaufsorder* weist deinen Broker an, eine Aktie zu verkaufen, wenn ihr Kurs auf den Preis x gestiegen ist. Man spricht hier auch von einer »Take-Profit-Order«, also einer Order, mit der du Gewinne mitnehmen willst. Beispiel: Du hast eine Aktie für 5 Euro gekauft und willst verkaufen, wenn ihr Kurs auf 7 Euro geklettert ist. Der Broker führt deinen Auftrag dann automatisch bei diesem Preis aus. Theoretisch könnte der Kurs natürlich weiter

steigen, aber dir geht es darum, den Gewinn zu realisieren, denn der Kurs könnte theoretisch auch wieder unter 7 Euro fallen.

- Die *Stop-Loss-Verkaufsorder* dient dazu, einen Gewinn nach unten abzusichern. Beispiel: Du hast eine Aktie zum Preis von 5 Euro gekauft. Inzwischen ist der Preis auf 8 Euro gestiegen. Du gibst eine Stop-Loss-Order bei 7 Euro. Das bedeutet, wenn der Kurs wieder sinkt, nimmst du einen etwas geringeren Gewinn mit, vermeidest aber, dass dein Gewinn noch weiter schrumpft. Steigt der Kurs dagegen weiter von 8 auf 10 Euro oder mehr, kannst du die Stop-Loss-Order entsprechend nach oben verschieben.
- Für alle Ordertypen gilt: Der durch deinen Broker realisierte tatsächliche Kauf- oder Verkaufspreis kann geringfügig von dem definierten Orderpreis abweichen, da der tatsächliche Preis immer davon abhängt, zu welchen exakten Preisen die Aktie gerade angeboten oder nachgefragt wird.

## Wie du Chancen verschenkst: Die Angst vor dem Crash

Wenn wir über Geld sprechen, sprechen wir selten über Gefühle. Dabei sind sie oft der unsichtbare Motor hinter unseren Entscheidungen – besonders an der Börse. Angst ist kein guter Berater, erst recht nicht, wenn es um deine finanzielle Freiheit geht. Sobald Kurse fallen, schlägt unser inneres Alarmsystem an. Der Körper reagiert mit Stress: Der Puls steigt, die Gedanken kreisen, der Blick verengt sich auf das Schlimmste. Viele klicken dann instinktiv auf den »Verkaufen«-Button – nicht aus Überzeugung, sondern aus dem Drang, dem Kontrollverlust zu entkommen. Das Problem: Solche Entscheidungen sind selten rational. Sie beruhen nicht auf einer Strategie, sondern auf dem Wunsch nach sofortiger Erleichterung. Doch was kurzfristig Ruhe bringt, kann langfristig teuer werden. Wer in Panik verkauft, realisiert Verluste und verpasst oft den Gewinn, sobald sich die Märkte wieder erholen. Aus Angst vor einem möglichen Verlust wird dann ein echter Verlust. Und das alles nur, weil wir unseren momentanen Emotionen mehr Glauben schenken als unserem langfristigen Plan.

## Gelassenheit ist Trumpf

An der Börse braucht es neben einer klugen Strategie daher ein gutes »Emotionsmanagement«. Damit meine ich vor allem die Gelassenheit, zwischenzeitliche Verluste auszuhalten. Vielen Frauen fällt das eher schwer, denn im Mittel ist uns Sicherheit wichtiger als vielen Männern. Werfen wir daher einen Blick auf das größte Schreckgespenst vieler Anlegerinnen und Anleger: den Börsencrash. Seit dem »schwarzen Freitag« von 1929 gab es immer wieder Situationen, in denen die Kurse massiv einbrachen. Bei mehr als 15 oder 20 Prozent Verlust in kürzester Zeit spricht man dabei von einem »Crash«. Da wären:

- 1987 der »Schwarze Montag« (19.10.1987), mit Kursverlusten des Dow Jones von über 22 Prozent infolge eines US-Handels- und Budgetdefizits,
- 2000 das Platzen der Dot.com-Blase, mit einem Kursverlust der Technologiebörse NASDAQ von fast 40 Prozent im betreffenden Jahr,
- 2008 die Finanzkrise, die ihren Ursprung in hochspekulativen Immobilienkrediten in den USA hatte,
- 2020 hohe Kursverluste infolge der Corona-Pandemie,
- 2025 starke Kursrückgänge aufgrund der Ankündigung von Strafzöllen durch Donald Trump.

Beispielhaft zeigt Abbildung 21 den Dow Jones-Verlauf im letzten Jahr. Quizfrage: In welchem Monat verkündete der US-Präsident seine Zollpläne? Richtig: Anfang April.

Abb. 21: Einjähriger Dow-Jones-Verlauf[53]

Wie du siehst, hat sich der Kurs seitdem wieder erholt – ein vorhersehbarer Mechanismus, der bislang noch auf jeden einzelnen Crash folgte. Börsenturbulenzen in den USA versetzen in der Regel die Märkte weltweit in Aufregung. Anleger geraten in Panik und verkaufen. Dies löst einen Dominoeffekt aus: Die Kurse sinken, mehr Panik, noch mehr Verkäufe, weiterer Preisverfall und in der Folge noch weiter sinkende Kurse. Schon ist der Crash da. Der Börsenexperte Thomas Müller hat ausgerechnet, dass der DAX seit seiner Festsetzung auf 1 000 Punkte 1987 um 2 288 Prozent zugelegt hat (bei einem aktuellen Stand von 23 786,4 Punkten), trotz aller zwischenzeitlichen »Abstürze«. Ähnlich der Dow Jones, der seit Gründung 1886 laut Müller »3 586 Rückgänge von mehr als 15 Prozent und 2 124 Einbrüche um mehr als 25 Prozent« erlebte und dem zum Trotz stetig auf immer neue Rekordhöhen kletterte.[54] Fazit: Die Welt geht nicht unter, obwohl es zwischendurch manchmal so aussieht. Wenn wir so empfinden, hängt das vermutlich auch damit zusammen, dass die Presse aufgeregt und ausführlich über Kurseinbrüche berichtet, Kurserholungen aber nicht in gleicher Weise feiert – getreu dem alten Pressemotto »Good News is No News«. Schlechte Nachrichten verkaufen sich einfach besser.

## Ausdauer wird belohnt

Was heißt das für dich? Wenn du überlegt investiert hast, also in Qualitätsunternehmen und genügend diversifiziert, solltest du einen Crash aussitzen. Eine Strategie zu haben bedeutet, schon vorher zu wissen, was man im Fall x tut, statt überstürzt zu handeln. Schau nicht täglich in dein Depot, warte ab und kaufe unter Umständen sogar interessante Aktien nach, die jetzt besonders günstig zu haben sind. Die Märkte belohnen Ausdauer, nicht Impulsivität. Wer bei jedem Rücksetzer nervös wird, wird nie erleben, wie sich langfristiges Investieren wirklich auszahlt. Und die besten Renditen entstehen oft genau in jenen Momenten, in denen sich andere zurückziehen. Robert Kiyosaki, dessen Buch »Rich Dad, Poor Dad« ich dir sehr empfehlen kann, sagt dazu: »Wenn es im Supermarkt ein Sonderangebot für, sagen wir mal, Toilettenpapier gibt, stürmt der Verbraucher hinein und stockt seinen Vorrat auf. Wenn es an der Börse oder dem Immobilienmarkt Sonderangebote gibt, was oft als Börsencrash bezeichnet wird, läuft der Verbraucher davon.«[55] Der Rat lautet also: Hör auf, der Herde nachzulaufen! Dieser Mechanismus gilt übrigens auch im umgekehrten Fall: Wenn eine Aktie plötzlich in aller Munde ist und sogar dein Friseur und die Bäckersfrau sie als heißen Tipp feiern, ist sie aufgrund des Hypes sehr wahrscheinlich überbewertet und wird demnächst im Kurs fallen. Vorerst solltest du daher die Finger davon lassen.

Wie also betreibst du »Emotionsmanagement«? Ich empfehle dir folgende Tools für mehr Klarheit und Kontrolle:

- *Cool-Down-Regel:* Warte 24 Stunden, bevor du verkaufst – besonders bei Schocknachrichten.
- *Investment-Tagebuch:* Mach dir regelmäßig Notizen zu deinen Gedanken, Entscheidungen und Gefühlen. So erkennst du Muster und lernst aus ihnen.
- *Mentale Checkliste:* Bevor du aktiv wirst, frage dich, »Handle ich aus Angst oder aus Überzeugung?« und »Würde ich das Investment heute wieder tätigen?«

Finanzielle Resilienz beginnt im Kopf. Sie hat viel mit Selbstbeobachtung, Reflexion und Erfahrung zu tun und lässt sich genauso trainieren wie ein Muskel. Wenn du lernst, deine Gefühle wahrzunehmen, ohne ihnen sofort zu folgen, bleibst du nicht nur ruhiger, sondern auch handlungsfähig. Und wenn du in solchen Momenten nicht in Aktionismus verfällst, sondern bewusst nichts tust, triffst du vielleicht die klügste Entscheidung von allen. Am Ende geht es nicht darum, Emotionen auszuschalten, sondern darum, mit ihnen umzugehen. Nicht der Markt ist das Problem, sondern der Umgang mit ihm. Wer das versteht, ist klar im Vorteil!

## Mini-Selbsttest: Wie reif ist dein Anlegerinnen-Mindset?

- Ich kenne meine emotionalen Trigger. ☐
- Ich habe einen schriftlichen Investitionsplan. ☐
- Ich handle nie spontan, sondern überlegt. ☐
- Ich bleibe auch bei Rücksetzern investiert. ☐
- Ich weiß, wie ich mich emotional beruhige. ☐

4 von 5 angekreuzt? Dann bist du auf einem richtig guten Weg!

## Achtung: Kleine Fehler, große Wirkung

Abschließend kurz zu fünf häufigen Fehlern beim Aktienkauf. Einige davon sind auch mir schon unterlaufen. Deswegen möchte ich dich darauf aufmerksam machen, damit du wachsam bist und Verluste vermeidest.

### Fehler 1: Die falsche Aktie gekauft

Manchmal tragen zwei Unternehmen denselben oder fast denselben Namen und sind damit auch an der Börse gelistet. Ein Beispiel ist die Aktie von Zoom. Es gibt zwei verschiedene Firmen, einmal Zoom Video Communications und einmal Zoom Information Inc. Ich wollte eigentlich Zoom Video Communications kaufen, also das Unternehmen, das wir für Videokonferenzen nutzen. Stattdessen habe ich irrtümlich die Aktie von Zoom Information Inc. gekauft, da mir dieser Unterschied damals nicht bewusst war. Es ist auf jeden Fall ratsam, vor einem Aktienkauf gut zu recherchieren. Gib dazu einfach bei Google das Unternehmen ein, dessen Aktie du kaufen möchtest, und schau in der Beschreibung nach, was das Unternehmen anbietet. Ist das tatsächlich die Dienstleistung oder das Produkt, das du erwartest, oder etwas ganz anderes? Notiere dir am besten die ISIN oder WKN der Aktie, die du kaufen möchtest oder kopiere sie direkt aus dem Internet. Die WKN, die Wertpapierkennnummer, ist die individuelle Identifikationsnummer des jeweiligen Papiers. Die ISIN (International Securities Identification Number) ist eine zwölfstellige Kombination aus Buchstaben und Zahlen, die eine internationale Identifikation der Aktie gewährleistet. Bei deutschen Wertpapieren beginnt sie mit »DE«. Um auf Nummer sicher zu gehen, kannst du eine der beiden Kennnummern bei deinem Broker eingeben. Du findest WKN und ISIN auf Aktienportalen wie www.onvista.de oder www.finanzen.net oder auch unter www.boerse-frankfurt.de gleich unterhalb des Unternehmensnamens.

### Fehler 2: Freistellungsauftrag vergessen

Wie du vielleicht weißt, müssen wir in Deutschland Steuern auf Kapitalerträge zahlen – pauschal 25 Prozent sowie auf die Kapitalertragssteuer noch einmal 5,5 Prozent Solidaritätszuschlag und ggf. Kirchensteuer. Nehmen wir an, deine Aktie steigt, du verkaufst sie und erzielst Gewinne. Der Broker wird dann die Steuer direkt vom Gewinn abziehen und ans Finanzamt abführen. Um das zu vermeiden, stellst du vorher einen Freistellungsauftrag. Steuerfrei bleiben in diesem Fall 1 000 Euro Kapitalerträge für Singles und 2 000 Euro für verheiratete Paare. Dabei besagt der Freistellungsauftrag: »Hallo Broker, ich habe hier meine 1 000 Euro Freibetrag, und diese habe ich noch nicht bei anderen Geldanlagen oder Brokern verbraucht.« Den Auftrag erteilst du digital. Du findest ihn in der Kontoverwaltung deines Brokers. Falls du vergessen hast, das zu erledigen, kannst du dir die zu viel gezahlten Steuern aber auch mit deiner Steuererklärung zurückholen.

### Fehler 3: Aktienkauf außerhalb der regulären Börsenzeiten

Ein weiterer Fehler ist ein Aktienkauf außerhalb der regulären Börsenzeit. Was viele nicht wissen: Der Preis für eine Aktie kann sich stark unterscheiden, je nach Uhrzeit und je nachdem, ob du innerhalb oder außerhalb der regulären Handelszeiten kaufst. Die Frankfurter Börse hat werktags von 9:00 Uhr bis 17:30 Uhr geöffnet, die New Yorker Börse wegen der Zeitverschiebung werktags von 15:30 Uhr bis 22:00 Uhr hiesiger Zeit und die Börse Shanghai, an der ein Großteil des chinesischen Handels abgewickelt wird, werktags von 9:30 Uhr bis 15:00 Uhr. Am Wochenende und an nationalen Feiertagen sind die Börsen geschlossen. Hältst du dich an die jeweiligen Öffnungszeiten, vermeidest du unnötig hohe »Spreads«. Darunter versteht man die Spanne zwischen Kaufpreis und Verkaufspreis eines Wertpapiers, also die Handelsdifferenz, von der die jeweilige Börse lebt. Die Überschneidung hiesiger Börsenzeiten mit der US-Börse von 15:30 Uhr bis 17 Uhr ist ideal, um faire Preise zu erzielen, weil dann genügend Transaktionen stattfinden.

### Fehler 4: US-Zahlen falsch lesen

Verwirrung stiften häufig auch die unterschiedlichen Bezeichnungen und Schreibweisen bei europäischen und US-amerikanischen Zahlen. Es beginnt damit, dass man in den USA Punkte und Kommata genau andersherum benutzt wie hierzulande. »Zweitausendfünfhundertzwanzig« schreibt man in den USA 2,520.00; in Europa dagegen 2 520,00. Achte bei Aktiencharts schon aus diesem Grund immer darauf, ob die Kurse in Euro oder US-Dollar angegeben sind. Außerdem unterscheiden sich Bezeichnungen und Abkürzungen für Dezimalzahlen teilweise.

| **Europa** | | **Abkürzung** |
|---|---|---|
| 1 000 | Tausend | 1 K |
| 1 000 000 | Million | 1 Mio. |
| 1 000 000 000 | Milliarde | 1 Mrd. |
| 1 000 000 000.000 | Billion | 1 B |

| **USA** | | **Abkürzung** |
|---|---|---|
| 1 000 | Thousand | 1 G |
| 1 000 000 | Million | 1 M |
| 1 000 000 000 | Billion | 1 B |
| 1 000 000 000 000 | Trillion | 1 T |

Unsere Milliarde heißt in den USA also »Billion« und unsere Billion wird zur »Trillion«. Selbst gestandene Journalisten kommen da manchmal ins Schleudern.

### Fehler 5: Derivat statt Aktie

Zum Schluss möchte ich kurz auf einen häufigen Fehler eingehen: Achte darauf, dass du tatsächlich eine normale Aktie kaufst und nicht ein Finanzderivat bzw. CFD (*Contract for Difference*, deutsch »Differenzkontrakte«), mit denen auf Kursveränderungen spekuliert wird und die mit hohen Risiken verbunden sind. Kopiere im Zweifelsfall den Namen des Produkts und recherchiere.

## Meine Kernbotschaften

- Die Börse belohnt strategisches Handeln und langfristiges Denken. Kluge Investorinnen handeln nicht ad hoc und emotionsgetrieben, sondern gelassen und planvoll.
- Grundsätzlich empfiehlt sich die Investition in große Unternehmen (etwa mit einem Börsenwert ab 50 Milliarden Euro), die eine Erfolgsgeschichte vorzuweisen haben (in den letzten 5 Jahren ein Kurswachstum von 50 Prozent oder mehr). Diese Unternehmen sind stabiler und können nicht so leicht von Wettbewerbern vom Markt verdrängt werden.
- Für den Vermögensaufbau mit ehrgeizigen Renditezielen empfiehlt sich die DPS-Strategie, die auf den Durchschnittskosteneffekt setzt und systematisch bei sinkenden Kursen nachkauft, um bei folgenden Kurserholungen wieder zu verkaufen. Die DPS-Strategie ist eine bewährte kurz- bis mittelfristige Strategie (Zeithorizont Wochen bis Monate).
- Für die Vermögensabsicherung mit moderater Rendite eignet sich eine Dividendenstrategie, die bewährte Substanzwerte (»Value-Aktien«) über einen längeren Zeitraum hält und zusätzlich von Dividenden profitiert. Sie (auch Buy-and-Hold) ist eine langfristige Strategie (Zeithorizont fünf Jahre und länger).

- Beide Strategien können kombiniert und durch weitere Anlagen ergänzt werden. Denkbar ist beispielsweise ein »Vermögenshaus« mit bewährten ETFs als Fundament, länger gehaltenen Substanzwerten als tragende Wände und volatileren Wachstumswerten mit höherem Renditepotenzial als Dach.
- Vor jedem Aktienkauf steht die sorgfältige Analyse. Statt blind irgendwelchen Experten oder gar Hypes in Presse und sozialen Medien zu folgen, machst du dich selbst schlau. Dabei empfiehlt sich der Aufbau einer Watchlist mit 30 bis 40 interessanten Unternehmen, aus denen anschließend die vielversprechendsten Aktien ausgewählt werden.
- Bei der Fundamentalanalyse prüfst du wesentliche Unternehmensdaten: die wichtigsten Kennzahlen (Umsatz, Gewinn, Eigenkapital, Verschuldungsgrad, Cash Flow, PEG-Ratio), das Geschäftsmodell (»Burggraben«) und die Unternehmensführung (»CEO-Check«). Bei der Dividendenstrategie sind zusätzlich Dividendenrendite, Dividendenwachstum und Ausschüttungsquote interessant.
- Bei der technischen Analyse prüfst du den Kursverlauf für die letzten ein, drei und fünf Jahre. Bei der DPS-Strategie geht es dabei vor allem darum, den Hochpunkt und die Zahl der Einstiege zu definieren. Bei der Dividendenstrategie liegt das Augenmerk darauf, ob ein Unternehmen sich weiterhin auf Erfolgskurs befindet.
- Vor den ersten »echten« Aktienkäufen hilft das Demokonto eines Brokers dir dabei, dich mit den Abläufen und Orderformen (Kauf- und Verkaufsaufträgen) vertraut zu machen.
- In vielen Jahrzehnten haben sich die Börsen bisher jedes Mal von einem Crash erholt. wenn du in solide Werte investiert hast, solltest du Krisen aussitzen oder sogar nachkaufen, statt in Panik und mit Verlust zu verkaufen. Laufe nicht der Herde hinterher, sondern bleib bei deiner Strategie!

# 6

# Weitere Anlagemöglichkeiten: Von ETFs über Immobilien bis Krypto

*Jeder Tag, den du wartest,*
*ist verlorene Rendite.*

Vor zehn Jahren ging es uns, meinem Mann und mir, wie vielen Menschen in diesem Land: Wir waren beruflich sehr engagiert – mein Mann als Geschäftsführer eines Maschinenbauunternehmens, ich als Lehrerin. Wir träumten von einem Eigenheim für unsere Familie. Also nahmen wir einen Kredit auf und kauften ein Haus, gebraucht, auf dem Land. Wir lebten ein gutes Leben, machten schöne Reisen und gaben unser Geld fast vollständig aus. An unsere finanzielle Zukunft verschwendeten wir keinen Gedanken. Dass wir ein Vermögen aufbauen könnten, lag außerhalb unserer Vorstellungskraft. Wir kannten auch niemanden, der sich systematisch mit Vermögensbildung beschäftigte. Schließlich steht finanzielle Bildung hierzulande auf keinem Lehrplan. Heute würden die meisten Menschen uns wohl als vermögend bezeichnen. Wir besitzen Aktien, ETFs, Immobilien, etwas Gold und Kryptowährungen. Wir haben gelernt, wie wir unser Geld anlegen und vermehren können. »Lernen« meine ich dabei wörtlich: Ohne Bücher, Seminare und Master Classes mit erfahrenen Profis wären wir nie so weit gekommen. Dann haben wir losgelegt und im Prozess immer weiter dazugelernt. Ich sage also nicht, dass man mühelos »reich« wird. Ich sage, dass jede und jeder mit Hartnäckigkeit und guten Strategien Vermögen bilden kann – auch du! Welche Anlageformen neben Aktien dafür infrage kommen, ist Thema dieses Kapitels. Investiere dich frei!

Je mehr Säulen dein Vermögenshaus stützen, desto stabiler steht es. Es geht also darum, verschiedene Quellen für Einkommensströme zu nutzen. Auch wenn ich Einzelaktien liebe, bleibe ich eine Freundin der Diversifikation, nicht nur innerhalb einer Assetklasse (wie eben Aktien), sondern auch über verschiedene Assetklassen hinweg. Dabei bieten sich eine Reihe anderer Vermögenswerte an. Je mehr Anlageformen du nutzt, desto weniger musst du dir Sorgen machen, wenn eine Vermögenssäule mal wackelt.

## ETFs: Wenig Aufwand, gute Rendite

In Kapitel 3 (»Die Börse«) haben wir uns schon kurz mit ETFs beschäftigt. Hier möchte ich nun etwas tiefer einsteigen, denn ETFs oder »Exchange Traded Funds«, an der Börse gehandelte Aktienfonds, sollten in keinem Portfolio fehlen. Um das Grundprinzip zu verstehen, schauen wir uns kurz an, wie ein ETF entsteht.

### Index und ETF – wie hängt das zusammen?

Ein ETF bildet einen »Index« ab. Ein Index ist eine Zusammenfassung von Wertpapieren (z. B. Aktien oder Anleihen) und deren Kursentwicklung. Am bekanntesten hierzulande ist vermutlich der DAX, der Deutsche Aktienindex, mit dem die Deutsche Börse AG die Kursentwicklung der 40 größten deutschen Unternehmen bündelt. Wie es gerade um den DAX steht, erfährst du jeden Abend am Ende der Tagesschau. Weltweit gibt es eine riesige Zahl von Indizes, die unter verschiedenen Gesichtspunkten gebildet werden: nach Ländern, Regionen, Unternehmensgrößen, Sektoren und Branchen. Entwickelt werden diese Indizes von Unternehmen wie MSCI (Morgan Stanley Capital International) und FTSE (Financial Times Stock Exchange). Die Anbieter von ETFs – also die Herausgeber, bei denen du über deinen Broker in den ETF investierst – arbeiten mit solchen

Indexentwicklern zusammen. Das erklärt die verwirrend langen Namen von ETFs, die in der Regel mit dem Index-Herausgeber (einem Finanzdienstleister) beginnen, dann Urheber und Namen des Index nennen und mit einem regulatorischen (rechtlichen) Hinweis sowie Hinweisen zur Währung und Ausschüttungsform enden. Im Überblick:

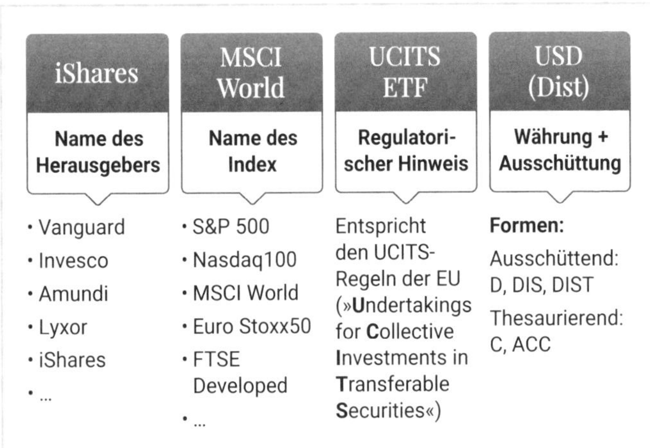


Abb. 22: Wie sich der Name eines ETFs zusammensetzt

Einen ETF, der sich am MSCI World als bekanntesten Index orientiert, bieten folglich verschiedene Finanzdienstleister zum Kauf an. Er heißt dann Vanguard MSCI World, Lyxor MSCI World, iShares MSCI World usw. Dabei kannst du auf einen Schlag eine bestimmte Summe anlegen, bei den meisten ETFs aber auch einen Sparplan einrichten und monatlich kleinere Beträge (schon ab 25 €) investieren. Deine Zinsen kannst du dir bei den meisten ETFs entweder auszahlen lassen oder du belässt sie im ETF und legst sie gleich wieder an. Wenn du dich für die erste Ausschüttungsform (»distribuierend« oder »ausschüttend«) entscheidest, steht dir regelmäßig ein passives Einkommen zur Verfügung. Wird die erzielte Rendite automatisch gleich wieder angelegt, spricht man von »thesaurierender« Ausschüttung. In diesem Fall profitierst du vom Zinseszinseffekt.

## Die Rendite

Mit einem ETF investierst du also in eine große Gruppe von Aktien, ohne dich mit der Detailanalyse einzelner Unternehmen beschäftigen zu müssen. Dafür kommt es natürlich auf die richtige Wahl des ETFs an! Grundsätzlich kann man sagen: Je breiter ein ETF aufgestellt ist, desto geringer ist das Verlustrisiko – abgesehen einmal von allgemeinen Börsencrashs, die in der Börsengeschichte aber noch jedes Mal überwunden wurden. Ein Beispiel für einen »schmaleren« Themen-ETF ist einer, dessen Index ausschließlich Aktien der Reisebranche bündelt. Daran hättest du während der Corona-Krise wenig Freude gehabt, doch selbst der hätte sich inzwischen wieder erholt. Langfristig – in einem Zeithorizont von mindestens zehn, besser noch fünfzehn Jahren – bieten ETFs relativ sicher eine solide Rendite von 6 bis 8 Prozent. Gewinne und Verluste pendeln sich in größeren Zeiträumen auf diesem Niveau ein, was man als »Regression zum Mittelwert« bezeichnet. Konkret bedeutet das: Wenn du heute in einen ETF investierst, wäre je nach aktueller Entwicklung des Aktienmarktes denkbar, dass du kurzfristig (binnen einem oder zwei Jahren) eine sehr hohe Rendite erzielst (plus 20 Prozent und mehr) oder einen höheren Verlust machen würdest (minus 20 Prozent und mehr). Auf lange Frist gleichen sich solche Ausschläge nach oben wie nach unten jedoch aus und münden in einen Zuwachs von durchschnittlich 6 bis 8 Prozent pro Jahr. Denn glücklicherweise kennt der Aktienmarkt langfristig nur eine Richtung: nach oben.

## Wie unterscheiden sich passive Fonds (ETFs) und aktive Fonds?

In ihrer durchschnittlichen Rendite schneiden ETFs als »passive Fonds« (Fonds, die einem Index folgen) in den allermeisten Fällen besser ab, als »aktive Fonds«, bei denen ein Fondsmanager versucht, »den Index zu schlagen« und dafür die aus seiner Sicht aussichtsreichsten Aktien auswählt. Ein aktives Fondsmanagement hat zudem seinen Preis: Dafür zahlst du 1,5 bis 1,8 Prozent jährlich auf die Anlagesumme, während ein ETF mit 0,05 bis 0,8 Prozent jährlichen Gebühren erheblich günstiger ist. Auf längere Sicht führt das zu eindrucksvollen Unterschieden, wie am folgenden Beispiel deutlich. Dabei gehe ich von einer monatlichen Sparrate von 150 Euro über 30 Jahre aus und vergleiche einen ETF mit 0,2 Prozent Gebühren und einen aktiven Fonds mit 1,8 Prozent Gebühren. Am Ende dieses Zeitraums sind fast 43 000 € in die Taschen des Fondsanbieters gewandert! Womit auch geklärt ist, warum deine Bank dir keine ETFs anbietet, sondern lieber aktive Fonds. Sie verdient einfach mehr daran.

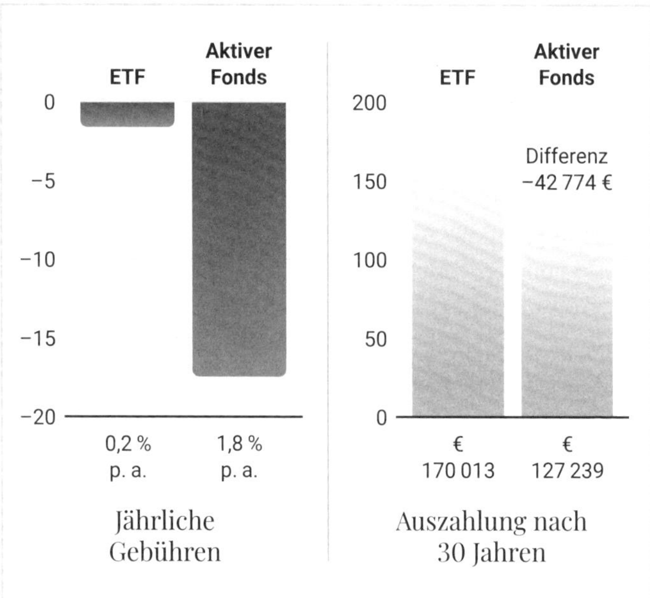


Abb. 23: ETF und aktiver Fonds im Vergleich (Gebührenentwicklung)

Die Kosten eines ETFs oder Fonds werden TER abgekürzt (für Total Expense Ratio, d. h. Gesamtkostenquote) und in Prozent beim jeweiligen Produkt genannt. Die TER ist ein Kriterium von mehreren bei der Auswahl eines ETF-Anbieters. Allerdings können noch weitere Kosten hinzukommen, beispielsweise »SWAP-Gebühren« bei synthetischen Fonds sowie externe Kosten wie die Ordergebühren deines Brokers.[56]

### »Replikationsmethode« – Was heißt das?

Damit sind wir bei einem weiteren Unterscheidungsmerkmal – physische versus synthetische ETFs. Sie unterscheiden sich in der sogenannten Replikationsmethode, also darin, in welcher Weise sie sich an einem Index orientieren:

- Physische ETFs bilden den betreffenden Index eins zu eins nach. Das heißt, ein physischer DAX-ETF enthält Aktienanteile der 40 DAX-Unternehmen, und zwar gewichtet nach deren Börsenwert. Da der Börsenwert von Unternehmen sich mit dem Aktienkurs ändert, wird die ETF-Zusammensetzung alle drei Monate entsprechend überprüft und angepasst. Neben der Eins-zu-eins-Nachbildung gibt es noch »gesampelte« ETFs, die sich auf die repräsentativsten und stärksten Aktien im jeweiligen Index konzentrieren. Das hat Vor- und Nachteile. Durch das Sampling sind Aufwand und damit auch Verwaltungskosten des ETFs geringer. Gleichzeitig kann ein solcher ETF in der Rendite stärker von der Index-Entwicklung abweichen, da er eben nicht alle Aktien enthält.
- Synthetische ETFs beinhalten nicht dieselben Werte wie der genannte Index, sondern garantieren durch die Zusammenarbeit mit einem »SWAP-Partner« lediglich dessen Wertentwicklung. Der Partner ist meist eine Bank, und »to swap« bedeutet übersetzt »tauschen«. Dabei funktioniert der Austausch so: Die Bank stellt ein »Trägerportfolio« anderer Aktien zusammen. Entwickelt sich dieses

Ersatzportfolio besser als der Index, an dem sich der ETF orientiert, macht die Bank einen Gewinn, denn sie erhält die Differenz. Umgekehrt macht die Bank einen Verlust, wenn sich das Trägerportfolio schlechter entwickelt als der Index, denn dann muss sie die Differenz ausgleichen. Synthetische ETFs bieten auf diese Weise Zugang zu Aktienmärkten, deren Aktien nicht leicht zu kaufen sind.

## In Gold oder Immobilien investieren

Neben Aktien-ETFs sind Gold-ETCs und Immobilien-ETFs möglicherweise interessant für dich:

- Gold-ETCs: Man spricht hier von ETCs, also Exchange Traded Commodities, weil nur in einen einzelnen Rohstoff (»Commodity«), investiert wird. Mit Gold-ETCs kannst du an der Wertentwicklung von Gold als »Krisenwährung« teilhaben. Gemeint ist damit, dass der Goldpreis in der Regel steigt, wenn andere Anlageformen schwächeln. Die Jahre 2024/25 bildeten hier eine Ausnahme, denn sowohl der Aktienmarkt als auch der Goldpreis entwickelten sich in dieser Zeit sehr gut. ETCs sind in der Regel mit physischem Gold besichert. Wenn dein Investment den Gegenwert einer Unze (31,1 Gramm) hat, könntest du dir das Gold theoretisch sogar nach Hause schicken lassen.
- Immobilien-ETFs bilden die Wertentwicklung großer Immobiliengesellschaften sowie REITs (»Real Estate Investment Trusts«) ab. REITs unterliegen strengen Regularien. Sie müssen 45 Prozent Eigenkapital besitzen und 90 Prozent ihrer Gewinne als Dividenden an die Investoren ausschütten. In Deutschland dürfen REITs nur in Gewerbeimmobilien investieren; international sind weitere Immobilienformen erlaubt, z. B. Wohnungen oder Krankenhäuser. Mit Immobilien-ETFs kannst du auch ohne viel Eigenkapital in Immobilien investieren und musst dich nicht um Verwaltung, Vermietung usw. kümmern. Auf der anderen Seite gehört dir damit

auch keine Immobilie, die du möglicherweise nach einer Wertsteigerung lukrativ verkaufen könntest.

### Welche ETFs solltest du kaufen – und wie viele?

Wie wählst du nun die ETFs aus, die zu dir und deinen Zielen passen? Der Einfachheit halber und für eine grobe Orientierung stelle ich dir hier vier verschiedene Modelle vor.

1. Für risikoarme Anlegerinnen: Wenn du auf Nummer sicher gehen willst, bist du mit einem World- oder Ganze-Welt-ETF gut beraten. Der MSCI-World-Index als mögliche Referenz enthält rund 1 400 Aktien der größten Unternehmen aus 23 Industrieländern. Schwellenländer, deren Entwicklung weniger vorhersehbar ist, spielen hier keine Rolle. Im MSCI All Countries World Index (ACWI) dagegen sind unter 47 Ländern auch 24 Schwellenländer berücksichtigt.
2. »Der Klassiker« ist eine beliebte Depotvariante, die überwiegend auf einen risikoarmen World-Index wirtschaftlich entwickelter Industrieländer setzt und 30 Prozent des Kapitals in einen ETF investiert, der einem Index für Schwellenländer folgt. Dieser birgt mehr Risiko, hat aber höhere Renditechancen.
3. »Vier ETFs für Profis« ist ein Depotbeispiel für etwas risikofreudigere Anlegerinnen, die Recherche nicht scheuen. Im Beispiel fließt die Hälfte der Anlagesumme in einen ETF zum amerikanischen Aktienmarkt (S&P 500, also die 500 größten börsennotierten US-Unternehmen), 30 Prozent in den europäischen Markt (Stoxx Europe 600). Jeweils 10 Prozent werden mit Blick auf den Pazifischen Markt (entwickelte Märkte der Pazifikregion) und Schwellenländer (»Emerging Markets«) angelegt. In beiden Fällen kann die Zusammensetzung der ETFs, d. h. die Einordnung bestimmter Länder als Schwellen- oder Industrieland, variieren.
4. Die »Core-Satellite«-Strategie setzt mit 60 Prozent Investment in einen Welt-ETF auf einen sicheren Kern und verteilt das restliche

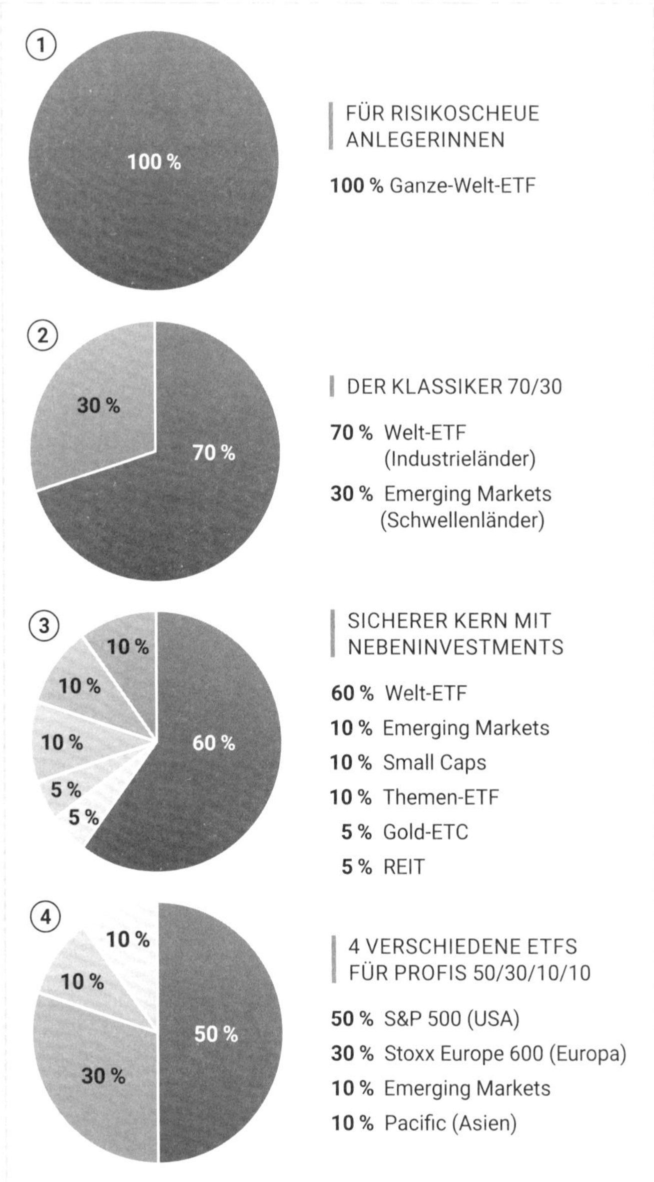


Abb. 24: Mögliche ETF-Depotaufteilung

Kapital in kleineren Tranchen auf riskantere ETFs, in diesem Beispiel zu Schwellenländern, kleineren Unternehmen (»Small Caps«), Gold, Immobilien (REIT) oder einem bestimmten Thema. Mit einem Themen-ETF kannst du beispielsweise in seltene Erden, Luxusartikel, die Bankenbranche oder Künstliche Intelligenz (KI) investieren.

Bevor du dein ETF-Depot füllst, bestimmst du deinen Anlagehorizont und deine Anlagesumme: Wie lange möchtest du dein Geld anlegen und wie viel willst du investieren? Werde dir außerdem darüber klar, wie risikofreudig du bist.

### Wo kannst du dich informieren?

Ganz ähnlich wie bei Einzelaktien gibt es auch für ETFs Websites, auf denen du die wirtschaftlichen Eckdaten und die Zusammensetzung der ETFs recherchieren kannst:

- justETF: www.justetf.com/de/
- extraETF: https://extraetf.com/de/
- finanzfluss: www.finanzfluss.de/

Unter dem Stichwort »ETF Suche« kannst du beispielsweise auf der Seite von finanzfluss ETFs nach Assetklassen, Index- und ETF-Anbietern, Ausschüttung, Fondsvolumen und vielen weiteren Kriterien filtern. Worauf du bei deiner ETF-Wahl achten solltest:

1. Ein Fondsvolumen von mindestens 100 Millionen Euro oder US-Dollar sowie ein Alter von mindestens drei Jahren.
2. Einen möglichst breit gestreuten Index.
3. Geringe Kosten (TER und ggf. weitere).
4. Die für dich passende Ausschüttungsform (distribuierend oder thesaurierend – also Dividende oder Zinseszinseffekt).

5. Die für dich passende Replikationsmethode (physisch oder synthetisch).
6. Sparplanfähigkeit, falls du monatlich Beträge einzahlen willst.
7. Brokerauswahl: Kriterien sind hier neben den angebotenen ETFs vor allem transparente und verständliche Informationen sowie niedrige Ordergebühren. Manche Broker bieten ETFs sogar kostenlos an.

Wenn du unter Anleitung ins Thema ETFs einsteigen willst, ist mein Onlinekurs »Vermögensaufbau mit ETFs« das Richtige für dich. Dort beschäftigen wir uns auch mit dem »Rebalancing« deines Depots (also mit dessen Justierung, wenn sich verschiedene ETFs unterschiedlich entwickeln) und weiteren Fragen.

## Immobilien: Vermietung schafft Vermögen

Nicht nur Aktien waren für uns anfänglich ein Buch mit sieben Siegeln. Genauso wenig hätten mein Mann und ich uns früher vorstellen können, in Immobilien zu investieren. Wir dachten: Wer Wohnungen oder Mietshäuser kauft, muss reich sein, weil er den Kauf mit eigenem Geld finanziert und sich allenfalls einen kleinen Teil von der Bank leiht. In Wahrheit läuft das Spiel andersherum. Wer professionell in Immobilien investiert, steuert in der Regel nur einen kleinen Teil des eigenen Gelds bei und leiht sich den großen »Rest«. Wenn genügend Sicherheiten vorhanden sind, genügt häufig Eigenkapital in Höhe der Kaufnebenkosten (etwa zehn bis 15 Prozent des Kaufpreises für Notar, Makler und Grunderwerbssteuer). Sicherheiten sind z. B. andere Immobilien, aber auch die erworbene Immobilie selbst. Auch ein solides Einkommen ist bei der Bank in der Regel Voraussetzung für einen Kredit.

Um es gleich vorweg zu sagen: In Sachen Immobilien sind wir nicht zwingend ein Vorbild für dich. Wir haben es gleich sehr groß aufgezogen und in weniger als zwei Jahren 50 Wohnungen gekauft.

Heute führen wir praktisch ein kleines Wohnungsunternehmen, mit einer Angestellten, die zusammen mit einer externen Wohnungsverwaltung unseren Immobilienbestand managt. Dabei half uns, dass ich als noch Beamtin und mein Mann als Geschäftsführer hohe Kreditwürdigkeit besaßen und den Aufwand nicht scheuten, über lange Zeit praktisch jedes unserer Wochenenden für »Wohnungserkundungen« in verschiedenen Städten zu nutzen. Bevor es ernst wurde, arbeiteten wir uns zudem über sechs Monate lang nebenberuflich in das Thema Immobilieninvestment ein, mit einer Master Class, die das nötige Wissen vermittelte und das klare Ziel hatte, am Ende des Programms mindestens eine Immobilie zu kaufen.[57] Was soll ich sagen: Wir starteten im März; im Dezember desselben Jahres hatten wir 24 Wohnungen erworben.

## Was macht Immobilien-Investments interessant?

Bei Immobilien ist es wie Aktien: Was zunächst super kompliziert wirkt, wird zur Routine, wenn man Schritt für Schritt verstanden hat, wie es funktioniert. Kaufverhandlungen, Bankgespräche, Verträge und das Fachvokabular von »Auflassungsvormerkung« bis »Grundbucheintrag«, all das ist keine Weltraumforschung. Trotzdem musst du natürlich keine 50 Wohnungen kaufen, um Vermögen zu bilden und fürs Alter vorzusorgen. Dafür genügen auch eine bis drei Immobilien, die dein Portfolio komplettieren. Was also macht vermietete Immobilien als Vermögenswerte attraktiv? Wenn du in das richtige Objekt investierst, kurz gesagt Folgendes:

- Du erhältst ein passives Einkommen in Form von Mieteinnahmen (zumindest, wenn Renovierungen abgeschlossen sind und die Miete höher ist als deine Darlehenszinsen).
- Du profitierst von einer Wertsteigerung und kannst die Immobilie nach Ablauf der Spekulationsfrist von zehn Jahren steuerfrei verkaufen. (Bei einem früheren Verkauf muss ein erzielter Gewinn,

und nur dieser, in Höhe deines Einkommensteuersatzes versteuert werden.)

- Du legst dein Geld inflationssicher an, weshalb man auch von »Betongold« spricht.
- Anders als bei einer selbst bewohnten Immobilie kannst du Kosten, die eine vermietete Immobilie verursacht, von der Steuer absetzen. Dazu zählen Notar- und Maklergebühren, Kreditzinsen, die jährliche Grundsteuer, Renovierungs- und Reparaturkosten, Hausverwaltung, Fahrtkosten usw. Je nach Baujahr schreibst du außerdem einen bestimmten Prozentsatz der Anschaffungskosten über die nächsten Jahrzehnte steuerlich ab.

All das macht Immobilien zu einer lohnenden Investition und ist unter Umständen zur Altersvorsorge finanziell klüger als ein Eigenheim. Der Hintergrund: Der Traum vom eigenen Haus kann dazu führen, dass kaum noch Spielraum für Investitionen anderer Art bleibt. Dann schnürt die eigene Immobilie einem finanziell die Luft ab. Damit will ich nicht sagen, dass es grundsätzlich falsch ist, in den eigenen vier Wänden wohnen zu wollen. Wir selbst haben ja auch ein Haus gekauft. Nur sollte einem bewusst sein, dass dies häufig eher ein »emotionales Investment« ist als ein kluger finanzieller Schachzug. Ausnahme: Du kaufst günstig ein Eigenheim an einem sehr begehrten Standort mit hoher Wertsteigerung.

Diese Rechnung geht nur dann auf, wenn du in Wohnungen oder Häuser investierst, die lukrativ vermietet werden können und verlässlich im Wert steigen. Auf diesen zentralen Punkt möchte ich mich hier aus Platzgründen konzentrieren und erzählen, wie wir vorgegangen sind. Das kleine Einmaleins des Immobilienkaufs, beispielsweise, welche Rolle der Notar spielt, wie Kaufverträge aussehen und Ähnliches, kannst du in zahlreichen Ratgebern nachlesen. Generell rate ich dir, dich gründlich und umfassend zu informieren und idealerweise einen Kurs zu besuchen, bevor du am Immobilienmarkt aktiv wirst. Denn zur Wahrheit gehört auch, dass du mit der falschen Immobilie sehr viel Geld verlieren kannst. Beim Einstieg ins Immobiliengeschäft solltest du in der Lage sein, Kaufpreise und Mieten einzuschätzen und Mängel zu erkennen.

### Worauf kommt es beim Immobilienkauf an?

Es gibt den alten Maklerspruch, bei einer Immobilie komme es im Wesentlichen auf drei Dinge an: erstens Lage, zweitens Lage und drittens Lage. Es ist tatsächlich im Wesentlichen der Standort, der darüber entscheidet, ob eine Immobilie langfristig im Wert steigt und ob mit ihr eine attraktive Miete zu erzielen ist. Du kennst vermutlich die Berichte über hohe Mieten in Ballungsräumen und insbesondere in den angesagten Vierteln attraktiver Städte. Der Wohnungsmarkt wird wie alle Märkte durch Angebot und Nachfrage bestimmt: Wo viele Menschen wohnen möchten und das Angebot begrenzt ist, steigen die Mieten. Wir haben uns daher bei der Suche nach Wohnungen auf Städte und dort auf Stadtviertel konzentriert, in denen ein gewisser »Nachfragedruck« herrscht; außerdem aus praktischen Gründen auf solche, die wir mit dem Auto in einer bis anderthalb Stunden Fahrzeit erreichen können. Ländliche Räume kommen unter Renditegesichtspunkten allenfalls dann infrage, wenn sie mit guter Verkehrsanbindung im Einzugsbereich einer attraktiven Stadt liegen.

Die Nachfrage nach Wohnungen steigt mit der Einwohnerzahl. Sie hängt aber auch davon ab, ob Städte insgesamt eher wachsen oder schrumpfen. Im Internet findest du Statistiken zum »Wanderungssaldo«. So standen 2023 Berlin, Hamburg und Bremen an der Spitze der jährlichen Zuzüge mit rund 33 000, rund 20 000 und knapp 9 000 Neubürgern. Hannover, für uns wegen der Erreichbarkeit ein interessanter Standort, lag mit rund 4 700 Zuzügen im Mittelfeld, während das teure München inzwischen mehr Einwohner verliert als gewinnt (minus 5 155).[58] Daten für Städte in deiner Region liefern die statistischen Landesämter oder die Websites der Städte. Wenn seit Jahren mehr Menschen wegziehen als zuwandern, solltest du mit einer Investition in Immobilien vorsichtig sein. Universitätsstädte haben den Vorteil, dass dort stetig junge Menschen hinziehen und zum Teil auch bleiben. Die Mietpreise können außerdem unter Druck geraten, wenn eine Stadt wirtschaftlich durch ein einziges oder wenige große Unternehmen dominiert wird. Geht es mit Firmen bergab oder verlagern sie im großen Stil Arbeitsplätze ins Ausland, gerät auch der Mietmarkt ins Rutschen. Neben einer positiven Bevölkerungsentwicklung und der wirtschaftlichen Infrastruktur einer Stadt ist noch das Durchschnittseinkommen von Interesse. Auch hierzu findest du Statistiken im Internet.[59] Und schließlich ist es in jeder Stadt oder Region wie an deinem Wohnort vermutlich auch: Es gibt Viertel, in denen man sehr gerne wohnen möchte, und solche, in die man nur im Notfall zieht.

Du siehst, beim Wohnungskauf ist es nicht viel anders als beim Kauf einer Aktie: Man analysiert verschiedene Faktoren und leitet daraus eine Prognose für die zukünftige Wertentwicklung ab. Niemals solltest du blind oder nur auf einen heißen Tipp hin investieren. Ob dir das Parkett gefällt oder das schöne neue Badezimmer, das ist zweitrangig. Die Ausstattung kannst du als Inhaberin jederzeit verbessern. Doch in ein anderes Stadtviertel kannst du deine Immobilie nicht beamen – sie ist und bleibt »immobil«. Wir sind also in alle Städte gefahren, die den ersten Test (Bevölkerungsentwicklung und wirtschaftliche Faktoren) bestanden hatten. Um ein besseres Gefühl für einen Standort zu bekommen, sind wir dann viele Kilometer durch Viertel und Straßenzüge gelaufen. Wer wohnt da, wen trifft man auf der Straße an? Wie ist die Infrastruktur? Gibt es Schulen, Einkaufsmöglichkeiten, Kulturangebote? Wie gut sind Verkehrsanbindung und öffentlicher Personennahverkehr? Außerdem vereinfacht es die Suche nach interessanten Immobilien, wenn du vorher eine klare strategische Entscheidung triffst:

- Willst du in große oder eher kleine Wohnungen investieren?
- Wer genau ist deine Mieterzielgruppe: Singles, kinderlose Paare oder Familien? Privatleute oder Arbeitnehmer (Pendler, Monteure)? Junge (Studenten, Berufseinsteiger) oder ältere Menschen

(Senioren)? Bestimmte Berufsgruppen wie Beamte oder Handwerker? Mittelschicht oder Gutverdiener?

- Wie viel Eigenkapital kannst du einsetzen, und was bedeutet das für den Kaufpreis? Geh davon aus, dass du auch bei guter Bonität (sicherer Job und weitere Sicherheiten für die Bank) mindestens die Kaufnebenkosten (zehn bis 15 Prozent des Kaufpreises) als Eigenkapital mitbringen musst. Übrigens: Jede Bank rechnet bei Baufinanzierungen ein wenig anders. Das trifft selbst auf verschiedene Filialen desselben Unternehmens zu. Du solltest daher immer drei Finanzierungsangebote einholen.

Unter dem Gesichtspunkt der Wertsteigerung haben wir uns entschieden, vorrangig in kleinere Wohnungen zu investieren. Kleine Wohnungen sind im Bau teuer, vor allem, weil auch 1-Zimmer-Appartments kostenaufwendig mit Bädern ausgestattet werden müssen. In Neubaugebieten werden daher wenig kleine Wohnungen gebaut. Gleichzeitig ist die Nachfrage ungebrochen, vor allem in Studentenstädten. Auch 3-Zimmer-Wohnungen, die WG-tauglich sind, können dort ein lohnendes Investment sein. Weit schwieriger könnte es werden, in diesem Umfeld ein luxuriöses Loft zu vermieten und irgendwann gewinnbringend zu verkaufen.

## Welcher Preis ist gerechtfertigt?

Das meiste Geld wird im Einkauf verdient, sagen erfahrene Verkäufer. Idealerweise kaufst du daher eine Wohnung mit Wertsteigerungspotenzial zu einem günstigen oder zumindest fairen Preis. Der Preis, den Vorbesitzer oder Makler nennen, ist normalerweise nie das letzte Wort. Preisnachlässe von 5 bis 15 oder gar 20 Prozent sind keine Seltenheit. Ist eine Wohnung schon länger auf dem Markt, steigt im Allgemeinen die Verhandlungsbereitschaft des Verkäufers. Verliebe dich niemals in eine Aktie, habe ich im Börsenkapitel geschrieben. Dasselbe gilt für Immobilien! Wissen solltest du außerdem, dass Neubauwohnungen in den ersten Jahren im Preis sinken. Kaufst du sie einige Jahre später »gebraucht«, ist es meistens nicht nur günstiger – dann sind hoffentlich auch schon die üblichen Baumängel aufgefallen und repariert. Bereits vermietete Wohnungen sind zudem preiswerter als leerstehende, die auch zum Selbstbezug angeboten werden.

Um ein Gefühl für angemessene Preise zu bekommen und Erfahrungen bei Preisverhandlungen zu sammeln, beobachte am besten einige Monate lang den Mietmarkt in der betreffenden Region oder Stadt. Dabei helfen Metasuchmaschinen, die verschiedene Portale zusammenfassen. Beispiele sind https://thinkimmo.com, https://www.immometrica.de oder https://www.desk.immo, die sich gezielt an Investoren richten und nützliche Infos wie z. B. Statistiken zum Wohnungsmarkt und Standortbewertungen beinhalten. Dennoch empfehlen wir, dir immer selbst ein Bild vor Ort zu machen. Mit der Zeit kannst du Angebote besser einschätzen. Außerdem siehst du, welche Immobilien schon länger auf dem Markt sind. Dann ist der geforderte Preis wahrscheinlich zu hoch. Verliert der Verkäufer irgendwann die Geduld oder braucht er Geld, stärkt das deine Verhandlungsposition.

## Wie hoch ist die Rendite?

Für deine Rendite ist außerdem wichtig, dass du eine gute Miete erzielen kannst. Die ortsübliche Vergleichsmiete erfährst du im Mietspiegel, den die kommunale Verwaltung erstellt. Ergänzend kannst du dir auf Immobilienportalen anschauen, zu welchen Mietpreisen vergleichbare Wohnungen angeboten werden. Bei langfristigen Mietverträgen kann es sein, dass die aktuelle Miete weit niedriger ist als die ortsübliche Vergleichsmiete, weil der jetzige Besitzer sie nie erhöht hat. Dann bist du als neue Besitzerin gleich gefordert, die Miete anzupassen. In der Regel ist den Mietern aber bewusst, dass es z. B. nicht bei 6 € Kaltmiete pro Quadratmeter bleiben kann, wenn die Vergleichsmiete inzwischen das Doppelte beträgt. Abschließend noch zwei hilfreiche Kennzahlen:

- Die Bruttomietrendite erhältst du, indem du die Jahreskaltmiete durch den Kaufpreis teilst. Kostet dich eine kleine Wohnung (40 m²) in guter Lage und Ausstattung beispielsweise 180 000 Euro inklusive Nebenkosten und du vermietest sie für monatlich 800 Euro Kaltmiete, ergibt das eine Bruttorendite von 5,3 Prozent (9 600 € Jahreskaltmiete geteilt durch 180 000 € mal 100). Bruttorenditen ab 4 Prozent gelten als solide.
- Eine zweite Faustregel setzt den Kaufpreis einer Immobilie ebenfalls ins Verhältnis zur Jahreskaltmiete. Im Beispiel oben ergibt sich dabei ein Faktor von 18,75 (180 000 € geteilt durch 9 600 Euro). Es braucht in diesem Fall also knapp 19 Jahre, bis die Kaltmiete den Kaufpreis hereingeholt hat. Ab einem Faktor von 20 und darunter gilt dieses Verhältnis als günstig, Faktor 25 wäre noch akzeptabel, ein Faktor von 30 und darüber bedeutet einen sehr hohen Kaufpreis.

Wirklich interessant wird es, wenn deine Mieteinnahmen (die jährliche Kaltmiete) deine jährlichen Ausgaben (Kreditzinsen, Renovierungs-, Reparatur- und Verwaltungskosten) übersteigen. Eine Überschlagsrechnung dazu bietet das Portal Finanztip auf seiner Internetseite an.[60] Erfahrene Immobilieninvestoren sagen manchmal, »Ab dem siebten Jahr beginnt der Spaß!« Dahinter steckt, dass stark renovierungsbedürftige Immobilien günstig zu haben sind und nach einer Renovierung höhere Mieten erlauben. Bevor du als Besitzer in die Gewinnzone kommst, kommen jedoch erst die Renovierungskosten auf dich zu. Wenn du handwerklich versiert bist oder im Familienkreis begabte Handwerker hast, kannst du eine Immobilie natürlich auch in Eigenleistung aufwerten. Immobilien, die beim Kauf bereits sehr gut in Schuss sind, sparen Aufwand und Arbeit, liegen aber im Preis natürlich höher.

## Lass dich nicht von Glaubenssätzen ausbremsen!

Du siehst: Einfach ist das Immobilienthema nicht. Immobilien machen Arbeit. Gleichzeitig sind sie ein spannendes Feld, gerade in Zeiten anhaltender Wohnungsknappheit. Es wird seit Jahren zu wenig gebaut, und die Immobilienpreise sind in den letzten zwei Jahrzehnten kräftig gestiegen. Auch wenn sich diese Entwicklung etwas abgeschwächt hat und völlig überhitzte Preis zuletzt leicht gesunken sind, ist weiter von einer Wertsteigerung guter Immobilien auszugehen – in einem Maß, dass die von Maklern und Baugesellschaften in Aussicht gestellten 4 bis 6 Prozent Rendite auf dein eingesetztes Kapital erreicht oder sogar übersteigt.

Warum zögern dennoch viele, Vermieterin zu werden? Mein Mann Christian, der bei uns der Immobilienfan ist, stößt in monatlichen Immobilientalks unserer Finanzakademie immer wieder auf zwei Glaubenssätze: die Furcht vor Mietnomaden und die Angst, »Schulden zu machen«. Dazu ist zu sagen: Das Thema Mietnomaden erhält medial eine hohe Aufmerksamkeit und erscheint dadurch größer, als es in Wirklichkeit ist. Schätzungen schwanken stark und gehen von 0,1 bis 0,5 Prozent der Mietverhältnisse aus, in denen es zu Mietbetrug kommt.[61] Wenn man selbst betroffen ist, tröstet die Statistik natürlich wenig. Schützen kann man sich, indem man Einkommensnachweise und eine Schufa-Auskunft anfordert und die Dokumente überprüft. Das beginnt schon damit, ob es den angeblichen Arbeitgeber tatsächlich gibt. Ein erfahrener Makler erledigt das für dich und fällt nicht so leicht auf Betrüger herein. Und zum Thema Schulden: Du hast nach dem Immobilienkauf Verbindlichkeiten gegenüber deiner Bank. Solange du Zinsen und Tilgung pünktlich überweist, bist du nicht »verschuldet«, sondern baust Schritt für Schritt Vermögen auf.

Noch ein kleiner Tipp zum Schluss: Bei attraktiven Immobilien gibt es in der Regel nicht nur einen Kaufinteressenten. Wenn mehrere Käufer miteinander konkurrieren, kommt häufig der Faktor Sympathie ins Spiel. Wem möchte der Verkäufer sein Eigentum am liebsten übergeben? Wir haben deshalb einen kleinen Flyer gestaltet, in dem wir uns als Familie mit einem freundlichen Foto vorstellen und unsere Kaufgründe – die Altersvorsorge – erläutern. Außerdem haben wir zum Ausdruck gebracht, dass wir Wert auf ein gutes Verhältnis zu unseren Mietern legen und sie fair behandeln werden. Makler griffen unser »Werbematerial« dankbar auf. So hatten sie etwas in der Hand, um ihren Auftraggeber zu beraten, und nicht selten war unser Prospekt das Zünglein an der Waage.

## Gold: Sicherer Hafen mit einigen Untiefen

Dagobert Duck, der reichste Bewohner Entenhausens, bunkerte sein Vermögen ausschließlich in Goldtalern – schon, um ab und zu darin zu baden. Zur Nachahmung ist beides nicht zu empfehlen, denn der Goldpreis schwankt stark. In Krisenzeiten schießt er durch die Decke. Dann gilt Gold als »sicherer Hafen«. In wirtschaftlich stabilen Zeiten dagegen dümpelt der Goldpreis schon mal längere Zeit lustlos dahin. Auch diese Phasen gab es im Laufe der Geschichte immer wieder, beispielsweise in den Jahren 1981 bis 2001, mit Preisen zwischen 250 und 500 US-Dollar pro Feinunze Gold.[62] Zum Vergleich: Aktuell (Ende Oktober 2025) kostet die Feinunze Gold ungefähr 3 900 US-Dollar.[63] Leitwährung für den Goldpreis ist der US-Dollar, ein weiterer Risikofaktor: Ein starker Dollarkurs verteuert das Gold für uns hierzulande, während ein schwacher Dollar es günstiger macht.

### Was macht Gold so wertvoll?

Gold ist ein Sachwert, und ein attraktiver dazu. Das hat verschiedene Gründe. Gold wird seit Jahrhunderten in vielen Kulturen geschätzt und ist bis heute weltweit handelbar. Als natürlicher Rohstoff ist es endlich. Es vergeht nicht, korrodiert nicht, sondern behält seinen Glanz. Und es findet vielfältig Verwendung, nicht nur als Schmuck, sondern wegen seiner chemischen Eigenschaften auch in der Industrie (Mikroelektronik, Medizintechnik, Raumfahrt). Schwächeln Aktien, sinken Zinsen oder steigt die Inflationsrate, setzen Anleger vermehrt auf Gold, und dessen Preis steigt – das Gesetz des Marktes. Gold wird niemals wertlos. Das ist das eine. Auf der anderen Seite wirft Gold, anders als Aktien oder ETFs, keine laufende Dividende ab. Rendite erzielst du erst, wenn du dein Gold mit Gewinn verkaufen kannst.

### »Physisches Gold« – die Vor- und Nachteile

Bei »physischem Gold« (also Goldbarren oder Goldmünzen) ist eine Investition auch steuerlich interessant. Beim Goldkauf fällt keine Umsatzsteuer an, und ab einem Jahr nach dem Kauf musst du auch einen Verkaufsgewinn nicht mehr versteuern – anders als Aktiengewinne, auf die nach Ausschöpfung der Freibeträge die Kapitalertragssteuer von gut 26 Prozent anfällt (siehe Kapitel 5). Bei Xetra-Gold, einem bekannten deutschen Gold-ETC, gilt die Steuerfreiheit nach einem Urteil des Bundesfinanzhofs (BFH) ebenfalls, weil dieser ETC mit realem Gold hinterlegt ist.[64] Bei anderen ETCs müsse man sich manchmal mit dem Finanzamt streiten, auch wenn sie ebenfalls auf realem Goldvermögen gründen, warnt die Stiftung Warentest im Sommer 2025.[65] Wenn du Goldbarren oder Münzen (wie Krügerrand oder Maple Leaf) kaufst, brauchst du außerdem einen sicheren Aufbewahrungsort. Münzen sind in der Herstellung aufwendiger als Goldbarren und daher am Goldgewicht gemessen teurer. Noch ein Argument gegen die Dagobert-Strategie. 😉

Wählst du ein Bankschließfach für die Aufbewahrung, kostet das. Außerdem solltest du schauen, bis zu welcher Höhe dein Schatz dort versichert ist und ob du eine zusätzliche Versicherung brauchst. Je nach Händler fallen beim Goldkauf außerdem Gebühren in Höhe von ungefähr 0,5 bis 2 Prozent des Kaufpreises an. Je kleiner die Menge, die du kaufst, desto höher ist der prozentuale Aufpreis. Am teuersten sind Minibarren, die nur ein Gramm wiegen und ungefähr so groß sind wie ein Fingernagel. Ab einer Feinunze (31,1 Gramm) wird es günstiger. Gold kannst du bei verschiedenen Banken erwerben oder auch bei Anbietern wie Degussa Goldhandel oder ESG Edelmetallservice. Da der Begriff »Goldhändler« nicht geschützt ist, prüfe beim Kauf sorgfältig, ob du es mit einem seriösen Gegenüber zu tun hast. Es gibt Gold sogar in Kilobarren, im Aufpreis günstig, aber dafür müsstest du aktuell (also im Oktober 2025) über 120 000 Euro zahlen. Das wäre ziemlich verwegen, denn aus den oben genannten Gründen empfiehlt es sich, nicht mehr als 5 bis 10 Prozent seines Vermögens in Gold anzulegen. Und selbst, wenn du schon Millionärin bist, wären im Ernstfall, also beim Weiterverkauf, mehrere kleine Barren praktischer als ein kiloschwerer Goldklumpen.

Goldschmuck ist übrigens als Investment wenig geeignet. Zum einen ist der Goldanteil mit einer Legierung von meist 585 (also 58,5 Prozent) erheblich geringer als beim Anlagegold (99,9 Prozent). Zum anderen bemisst sich der Schmuckpreis stark an der Verarbeitung, und die ist Geschmackssache. Großmutters Schnörkelbrosche mag in der Familie einen sehr hohen ideellen Wert haben, der finanzielle Wert ist häufig enttäuschend.

### Gold-ETCs und Goldsparpläne

Außer dem Kauf von physischem Gold gibt es noch andere Möglichkeiten, dein Geld in Gold anzulegen. Über Gold-ETCs, Exchange Traded Commodities, haben wir schon kurz gesprochen. Damit erwirbst du ein an der Börse gehandeltes Wertpapier, das den Goldpreis abbildet. Es handelt sich also anders als bei einem klassischen ETF nicht um einen Fonds, sondern um eine Schuldverschreibung, mit der du dem Anbieter Geld leihst. In der Regel kauft der dafür tatsächlich Gold, d. h., der ETC ist mit Gold abgesichert. Geht das Unternehmen pleite, könntest du trotzdem dein Geld verlieren, denn eine Einlagensicherung gibt es hier nicht: Bei ETCs besteht ein sogenanntes Emittentenrisiko. Dafür musst du dich bei einem ETC nicht um die Lagerung und Versicherung des Goldes kümmern – es sei denn, du hast dir dein Gold nach Hause liefern lassen. Das ist ab bestimmten (größeren) Mengen möglich, aber ebenfalls kostenpflichtig. Nähere Informationen zu Gold-ETCs und Gold-ETFs findest auf der Plattform justetf.com.[66]

Auch für ETCs kannst du einen Sparplan einrichten und so Monat für Monat eine kleinere Summe in Gold anlegen. Bei manchen Brokern, z. B. Scalable Capital oder Trade Republic, ist das sogar schon ab einem Euro möglich, andere Anbieter arbeiten mit Mindestsummen zwischen 10 und 50 Euro monatlich. »Gold-ETFs« im eigentlichen Sinne sind in Deutschland nicht erlaubt, weil die für einen ETF typische Streuung der Investitionen dabei nicht vorliegt. Wenn dennoch von Gold-ETFs die Rede ist, handelt es sich hierzulande um spitz aufgestellte Themenfonds, die in Unternehmen der Goldindustrie investieren.

## Gold-ETFs und Gold-Aktien

Schließlich kannst du dein Geld auch in Gold fördernde oder Gold verarbeitende Unternehmen investieren, entweder in Form von Einzelaktien oder mit einem der gerade erwähnten Themen-ETFs. Das klingt in Zeiten, in denen der Goldpreis steigt, wie eine gute Idee. Allerdings steigt der Kurs solcher »Goldunternehmen« nicht zwangsläufig in gleichem Maße. Eine Firma könnte durch Managementfehler an Profitabilität einbüßen, eine Goldmine durch schwere Unfälle Schlagzeilen machen. Immer wieder kommt es in Förderländern zu Minenunglücken, ein kurzer Blick ins Internet liefert aktuelle Beispiele. Sicherheitslücken, Umweltzerstörung und der Einsatz giftiger Chemikalien sind weitere Kritikpunkte am Goldabbau. Ob ein Investment in diesem Bereich zu deinen persönlichen Werten passt, musst du selbst entscheiden. Streng genommen gilt das natürlich für jede Investition in Gold. Wenn dir das Kopfzerbrechen macht, kannst du auf »Fair Trade«-Goldbarren oder Recycling-Gold ausweichen. Dabei ist es wie beim Fair-Trade-Kaffee: Für ein gutes Gewissen zahlt man einen höheren Preis. Informationen dazu findest du unter dem Stichwort »nachhaltiges Gold« im Netz.

Fazit: Gold ist kein Investment für die schnelle Rendite, sondern eine mittel- bis langfristige Beimischung von maximal zehn Prozent deines Vermögens als Krisenabsicherung. Und wie schon gesagt: Ausnahmen bestätigen die Regel. Von Januar 2024 bis Oktober 2025 verdoppelte sich der Goldpreis, und das ist nun wirklich eine stattliche Rendite in kurzer Zeit.

## Krypto: Riskant, aber interessant

Auch wenn du dich mit Kryptowährungen bislang nicht auskennst, hast du vermutlich schon vom Bitcoin gehört. Die erste Kryptowährung, 2009 von einem unbekannten Entwickler namens Satoshi Nakamoto erfunden, war in der Frühphase unter einen Euro wert. Im Jahr 2025 kostete der Bitcoin über 90 000 Euro. Dazwischen gab es rasante Höhenflüge und ebenso rasante Kursstürze. Die nachfolgende Tabelle zeigt einige Eckdaten aus den Jahren 2020 bis 2024. Du siehst: Der Kurs gleicht einer aufregenden Achterbahnfahrt. »Volatil« nennen das Finanzprofis, und das ist nichts für schwache Nerven. Zur Wahrheit gehört aber auch, dass der Bitcoin-Kurs nach jedem Einbruch bisher zu immer neuen Höchstständen geeilt ist. Dieser Trend macht den Kryptobereich zu einem interessanten Investment – vorausgesetzt, du bringst Risikofreude mit und bist bereit, dich in die technische Handhabung dieser Investments einzuarbeiten. In meiner Finanzakademie gibt es dafür einen ausführlichen Onlinekurs mit regelmäßigen Life-Calls, die »Blockchain Ladies«. Hier im Buch bekommst du Basisinfos, um zu entscheiden, ob du in den Kryptobereich einsteigen möchtest. Mehr als fünf bis maximal zehn Prozent deines Vermögens solltest du hier allerdings nicht einsetzen – und damit eine Summe, deren Verlust du notfalls verschmerzen könntest.

| Datum | Bitcoin-Kurs |
|---|---|
| 14.11.2020 | 13 582,05 € |
| 13.11.2021 | 56 274,09 € |
| 12.11.2022 | 16 176,54 € |
| 11.11.2023 | 34 667,85 € |
| 09.11.2024 | 71 255,25 € |

Das Auf und Ab beim Bitcoin-Kurs[67]

## Was zeichnet Kryptowährungen aus?

Inzwischen gibt es über 9 500 Kryptowährungen, eine kaum noch überschaubare Anzahl.[68] Wir interessieren uns hier für die größten und solidesten, also die mit einer hohen Marktkapitalisierung. Die Auflistung zeigt die Top 7 laut Coinmarketcap, einer Infoplattform, die für jede Kryptoinvestorin unverzichtbar ist.[69]

| Kryptowährung | Marktkapitalisierung (auf Mio. gerundet, in US-Dollar) |
|---|---|
| Bitcoin (BTC) | 2 183 400 000 000 |
| Ethereum (ETH) | 465 144 000 000 |
| Tether (USDT) | 182 514 000 000 |
| Binance Coin (BNB) | 152 011 000 000 |
| Ripple (XRP) | 143 966 000 000 |
| Solana (SOL) | 104 296 000 000 |
| USD Coin (USDC) | 76 408 000 000 |

Die Kryptowährungen mit dem höchsten Börsenwert (Stand 23.10.2025)

Was ist überhaupt eine Kryptowährung? Alle Kryptowährungen existieren rein digital, auf einer Blockchain. Das wiederum ist eine dezentrale digitale Datenbank, in der Datenblöcke miteinander verkettet sind – daher »Block-Chain«. Du kannst dir das Ganze wie ein digitales Kassenbuch vorstellen, in dem jeder neue Datensatz das Ende des vorherigen Datensatzes wiederholt. Die Blockchain liegt nicht auf einem Server, vielmehr sind die Rechenoperationen auf eine Vielzahl von Rechnern verteilt, also »dezentral«. Aufgrund dieser Struktur gilt die Blockchain als sicher und für Hacker praktisch nicht zu knacken. Neue Coins entstehen, indem Nutzer entweder extrem komplexe Rechenaufgaben lösen (»Proof of Work«, z. B. beim Bitcoin) oder den Besitz einer bestimmten Anzahl von Coins nachweisen und dann nach dem Zufallsprinzip für weitere ausgewählt werden (»Proof of Stake«, z. B. bei Ethereum).

Hinter Kryptowährungen steht keine Bank und auch keine andere Finanzinstitution: Alles ist dezentral im Netz programmiert. Kryptowährungen sind somit Grundlage eines »Dezentralen Finanzsystems« (DeFi), im Unterschied zum herkömmlichen »Zentralen Finanzsystem« (engl. CeFi). Automatisierte Rechenoperationen auf der Blockchain ersetzen Banküberweisungen; bei manchen Coins auch Kredite und andere Funktionen. All das funktioniert auch »Peer-to-Peer«, also direkt zwischen Nutzern. Auf diese Weise können Privatpersonen beispielsweise Bitcoin in Minutenschnelle und ohne horrende Gebühren ins Ausland überweisen. Kehrseite: Wenn dir bei solchen Prozessen – oder auch bei der Geldanlage – ein Fehler unterläuft (etwa bei der Adresse, an die Coins gesendet werden sollen), ist dein Geld futsch. Die Blockchain hat keine Hotline, bei der du anrufen könntest. Dasselbe gilt, wenn du die Zugangsdaten zu deiner digitalen Börse (»Wallet«) verlierst. Experten schätzten, dass 2023 etwa 20 Prozent aller Bitcoins (damals rund 4 Millionen Coins) für ihre Besitzer unzugänglich im Cyberspace verloren waren.[70] Das bedeutet: Kryptoinvestitionen sind kein Hexenwerk, erfordern aber Sorgfalt – wobei das im Grunde ja für alle Investments gilt.

Kryptowährungen sind keine »Währungen« im klassischen Sinn. Als Zahlungsmittel werden sie bisher eher selten verwendet. El Salvador war das einzige Land der Welt, in dem der Bitcoin als offizielles Zahlungsmittel eingeführt und im Februar 2025 wieder abgeschafft wurde. Kryptowährungen können verschiedene Funktionen erfüllen,

Verträge beglaubigen, Stimmrechte in zugehörigen Communitys gewähren, Vermögenswerte aufbewahren usw. Hauptsächlich werden sie jedoch als innovatives Investment geschätzt, was sie zu Spekulationsobjekten macht. Manche Währungen wie der Dogecoin (DOGE) waren ursprünglich reine Spaßobjekte, die ihren Wert aus einer treuen Fangemeinde bezog. Von solchen Projekten – Meme-Coins, drastisch auch »Shit-Coins« genannt – rate ich ab, es sei denn, du zockst wirklich gerne. Und warum »Krypto«? Das bezieht sich auf die Verschlüsselung (das kryptografische Verfahren), wodurch digitale Währungen entstehen. »Coins« basieren übrigens auf einer eigenen Blockchain, während »Token« auf bereits existierenden Blockchains gespeichert werden.

## Wie gelangst du ins Kryptouniversum?

Kryptos kaufst du auf speziellen Börsen im Internet oder bei einem Online-Broker. Bei den Börsen unterscheidet man dezentrale Exchanges (DEXs), auf denen Nutzer direkt miteinander handeln, und Plattformen, auf denen eine Partei den Handel mit digitalen Vermögenswerten organisiert (zentrale Exchanges oder CEXs). Ich empfehle dir letztere, weil du dort davon ausgehen kannst, dass genügend Handelsvolumen stattfindet und du so keine Probleme befürchten musst, zu bestimmten Zeitpunkten zu kaufen oder zu verkaufen. Bekannte CEXs sind z. B. Bitpanda, Binance, Coinbase, Kraken. Bitpanda mit Sitz in Österreich ist EU-reguliert und besitzt eine deutsche BaFin-Lizenz sowie einen deutschsprachigen Support. Auch Online-Broker wie Trade Republic oder eToro bieten Kryptowährungen an, allerdings in kleinerer Auswahl und zu etwas höheren Gebühren (»Fees«). Außerdem transferieren Broker deine Coins – genauer gesagt, den Schlüssel dazu – nicht in deine digitale Geldbörse (»Wallet«), sodass du nur innerhalb des jeweiligen Brokeruniversums damit handeln kannst. Bei den Wallets unterscheidet man »Hot Wallets« (digital, im Internet, z. B. Atomic oder MetaMask) und

»Cold Wallets« (Datenträger, die du nach der Speicherung deines Kryptoschlüssels vom Netz trennst und die damit sicherer sind, z. B. von Ledger oder Trezor). In deiner digitalen Geldbörse sind streng genommen nicht deine Kryptos gespeichert, die auf der Blockchain bleiben, sondern ein Schlüssel, der dir den Zugriff darauf ermöglicht.

Bevor du dich bei einer Exchange anmeldest, um Kryptowährungen zu kaufen, solltest du auf folgende Punkte achten:

- Gebühren für Ein- und Auszahlungen, Provisionen.
- Zahlungsart: Günstig oder kostenlos sind SEPA-Überweisung oder PayPal, während Kreditkartenzahlungen oft teuer sind.
- Unterstützte Währungen: Sowohl bei klassischen als auch bei Kryptowährungen sollte das Angebot groß genug sein.
- Liquidität (hohes Handelsvolumen, Marktkapitalisierung) und Sicherheit (beispielsweise durch ein mehrstufiges Identifikationsverfahren).
- Geografische Einschränkungen: Werden Kunden in der DACH-Region akzeptiert? Das erfährst du spätestens bei der Registrierung und Verifizierung, wo auch dein Ausweis gecheckt wird. Fehlt ein solches Verfahren, würde ich von der Börse die Finger lassen.

Im Internet findest du aktuelle Bewertungen und Vergleiche von Kryptobörsen, beispielsweise auf Websites wie Finanzen.net, Finanzwissen.de, Coinmarketcap.com, Finanzfluss.de oder Handelsblatt.com. Auch BTC Echo ist eine gute Informationsquelle im Kryptobereich.

Um dich Schritt für Schritt durch die Nutzung einer solchen Börse zu führen, fehlt hier der Platz. Nur so viel: Auf Bitpanda kannst du nach der Registrierung und Eröffnung eines Kontos direkt mit Euro Kryptowährungen kaufen, während du auf Börsen wie Binance als Zwischenschritt erst einmal Stable Coins erwerben musst, z. B. USDC. Eine Stable Coin ist eine Kryptowährung, deren Kurs eins zu eins an eine klassische Währung (»Fiat-Geld«)[71] gekoppelt ist. Beim USDC ist das der US-Dollar. Um dich mit den Transaktionen auf Kryptobörsen vertraut zu machen, empfehle ich dir, zunächst auf zwei Börsen (z. B. Binance und Bitpanda) geringe Geldbeträge wie etwa 25 Euro zu investieren und damit zu üben. Um Kryptos von einer Börse (z. B. Binance) auf eine andere Börse (z. B. Bitpanda) zu übertragen, müsstest du …

- auf Bitpanda die entsprechende Coin und die Funktion »einzahlen«/Deposit auswählen,
- auf Binance dieselbe Coin und die Funktion »auszahlen«/Withdraw auswählen,
- die bei Bitpanda genannte digitale Adresse bei Binance eingeben,
- darauf achten, dass in beiden Fällen dasselbe Netzwerk (dieselbe Blockchain) gewählt wurde – sonst verschwindet dein Geld im Cyberspace.

Das, was ich hier stark verkürzt darstelle, ist im Grunde nicht schwierig, aber erst einmal ungewohnt. Im Onlinekurs »Blockchain Ladies« gehen wir es daher Schritt für Schritt gemeinsam durch.

### Wie investierst du in Kryptos?

Bei der Investition in Kryptos empfehle ich dir grundsätzlich dieselbe Vorgehensweise wie bei der Investition in Einzelaktien. Konkret:

- Du setzt vorwiegend auf große, bekannte Coins.
- Du bildest dir anhand einer Fundamentalanalyse ein Urteil dazu, wie solide die jeweilige Kryptowährung zurzeit aufgestellt ist.
- Du nutzt die DPS-Strategie (Durchschnittspreis-Senkungs-Strategie), investierst also in mehreren Tranchen bei fallenden Kursen, um bei wieder steigendem Kurs Gewinne mitzunehmen.

Als Tool für die technische Analyse nutzen wir auch hier Tradingview, wo du den Jahreschart der betreffenden Coin mit Tageskerzen aufrufst. Außerdem musst du dort die Handelsplattform wählen, deren Kurs du dir anzeigen lassen willst, beispielsweise Binance oder Coinbase, sowie das für dich relevante Währungspaar (z. B. Bitcoin/Dollar). Den ersten Einstieg empfehle ich dir bei einem Kursverlust von mindestens 20 Prozent, weitere Einstiege mit höherem Kapitaleinsatz (25 Prozent mehr als bei der ersten Tranche) bei Kursverlusten von zusätzlich mindestens 10 Prozent. So senkst du Schritt für Schritt den Durchschnittspreis und erzielst folglich schneller einen Gewinn, sobald der Kurs wieder steigt.

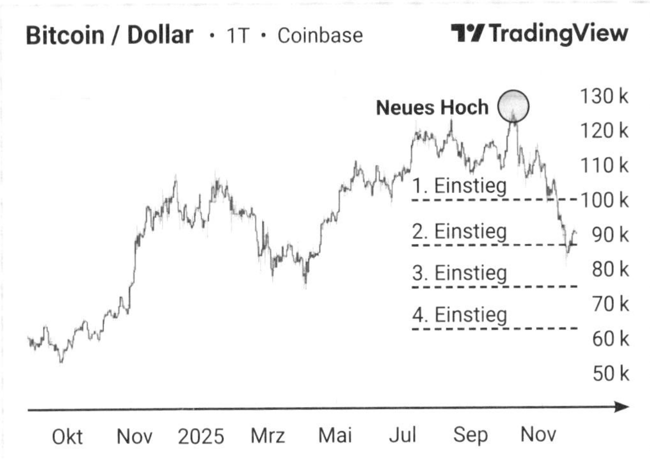


Abb. 25: Beispiel für die DPS-Strategie bei der Investition in BTC (Chart: Tradingview, stark vereinfacht)

Auf Basis einer Rückschau (Kursentwicklung im vergangenen Jahr) planst du wie bei Einzelaktien die Zahl deiner zukünftigen Einstiege. Steigt der Kurs rascher wieder an, verkaufst du früher und realisierst so eher einen Gewinn. In einem »Bullenmarkt« – also einem Markt mit Aufwärtstrend – kannst du dabei mithilfe von Stop Ordern höhere Gewinne erzielen (50 bis 60 Prozent Rendite), während du in einem »Bärenmarkt« – einem Markt im Abwärtstrend – sicherheitshalber kleinere Gewinne (10 bis 20 Prozent) realisieren solltest. Bei der Beobachtung der Kursentwicklung hilft dir die Alarmfunktion bei Tradingview (erkennbar am Wecker), die dich über bestimmte Kursentwicklungen benachrichtigt. Außerdem kannst du auch hier die aus dem Aktienhandel bekannten Orderformen wie Limit Order und Stop (Loss) Order nutzen.

Das war jetzt ein Schnelldurchlauf. Wenn du die DPS-Strategie ausführlicher erklärt haben möchtest, blättere zurück zu Kapitel 5, wo das Prinzip anhand von Aktien genauer erklärt wird. Wichtig ist, dass du dich auch bei der Investition in Kryptowährungen nicht von Emotionen, ungeprüften Tipps oder Hypes leiten lässt, sondern einer durchdachten Strategie folgst. Dazu gehört auch, sich die Assets, in die dein Geld fließt, vorab genau anzuschauen: eine Fundamentalanalyse durchzuführen. Auch die folgende Checkliste kannst du über den QR-Code am Buchende herunterladen.

## Kryptos: Fundamentalanalyse-Checkliste

**Allgemeine Informationen**

| | |
|---|---|
| Homepage: Alle wichtigen Informationen enthalten (Impressum, Datenschutz, Whitepaper)? | ☐ Ja<br>☐ Nein<br>☐ Teilweise |
| Limitierte oder unlimitierte Coins/Tokens? | ☐ Limitiert<br>☐ Nicht limitiert |

**1. Kryptoprojekt/-idee**

| | |
|---|---|
| Ist dieses Projekt eine Coin oder ein Token? | ☐ Coin<br>☐ Token |
| Wie innovativ ist dieses Projekt? | ☐ Neue Ideen<br>☐ Verbesserung vorhandener Ideen<br>☐ Nichts Neues |
| Löst das Projekt ein Problem? | ☐ Ja<br>☐ Nein<br>☐ Teilweise |
| Wie groß ist die Konkurrenz? | ☐ Keine<br>☐ 2–3 Konkurrenten<br>☐ Viel Konkurrenz |

**2. Kryptokennzahlen**

| | |
|---|---|
| Wie hoch ist die Marktkapitalisierung? | ☐ Über 1 Mrd. Dollar<br>☐ 200 Mio.–1 Mrd.<br>☐ Unter 200 Mio. |
| Wie hoch ist das Handelsvolumen pro Tag (auf der genutzten Handelsplattform)? | ☐ Mind. 150 000<br>☐ 100 000–150 000<br>☐ Unter 100 000 |
| Wie hoch ist das Handelsvolumen in den letzten 24 Stunden (Info: Coinmarketcap)? | ☐ Mind. 300 Mio<br>☐ 100–300 Mio.<br>☐ Unter 100 Mio. |
| Tokenomics: Wie breit gestreut ist der Token-Besitz? (»Breit«: Niemand besitzt mehr als 20 %. »Schlecht«: Jemand besitzt mehr als 40 %.) | ☐ Breit<br>☐ Mittelmäßig<br>☐ Schlecht |
| Historische Preisentwicklung: Wie viele Hochpunkte mit über 300 % gab es bisher? | ☐ Keine<br>☐ 1–2<br>☐ Mehr als 2 |

**3. Krypto-Team**

| | |
|---|---|
| Wie sichtbar ist das Team auf der Homepage und in den sozialen Medien? | ☐ Auf beiden sichtbar<br>☐ Nur Homepage<br>☐ Unsichtbar |
| Wie qualifiziert wirkt das Team? | ☐ Krypto-erfahren<br>☐ Allg. Qualifikationen<br>☐ Keine Information |

**4. Krypto-Marketing**

| | |
|---|---|
| Wie regelmäßig postet das Team? | ☐ Regelmäßig<br>☐ Selten<br>☐ Gar nicht |
| Wie häufig gibt es News auf Kryptoplattformen und/oder in anderen Medien? | ☐ Regelmäßig<br>☐ Selten<br>☐ Gar nicht |

**5. Krypto-Community**

| | |
|---|---|
| In wie vielen sozialen Medien ist die Community präsent? | ☐ Mindestens 3<br>☐ Mindestens 1<br>☐ Gar nicht |
| Wie aktiv ist die Community: Wie häufig werden News oder Posts kommentiert? | ☐ Regelmäßig<br>☐ Selten<br>☐ Gar nicht |

Vieles in der Checkliste ist selbsterklärend; daher nur einige grundsätzliche Anmerkungen:

- Hohe Marktkapitalisierung und ein hohes Handelsvolumen sprechen für ein solides (bereits bewährtes) Projekt.
- Wie vertrauenerweckend ein Projekt ist, erkennst du außerdem an der Transparenz von Informationen und an der Qualifikation des verantwortlichen Teams.
- Wie vielversprechend es ist, hängt auch davon ab, wie innovativ es ist, ob es ein Problem löst oder nur ein Nachahmerprojekt ist.
- Limitierte Coins (wie der BTC) sind tendenziell wertstabiler als nicht limitierte, die beliebig erweitert werden können.
- Wenn viele Coins in einer Hand sind, droht die Gefahr von Kursmanipulationen (siehe »Tokenomics«). Infos zu Besitzern sehr vieler Coins (»Whales«) findest du unter dem Stichwort »Rich List« auf www.coincarp.com.
- Hat ein Projekt bereits etliche extreme Hochpunkte (Kurssprünge von über 300 Prozent) hinter sich, sind weitere extreme Renditen unwahrscheinlicher.
- Eine aktive Community kann technische Probleme einer Kryptowährung lösen und zur Weiterentwicklung des Projekts beitragen.

Beim Aufbau deines persönlichen Kryptoportfolios gelten im Grunde dieselben Prinzipien wie bei Aktien- oder ETF-Portfolios. Ein konservatives Portfolio setzt auf die bewährten Top 5 der größten Kryptowährungen mit deutlichem Schwerpunkt auf der Nummer 1, dem Bitcoin (der beispielsweise 70 Prozent ausmachen könnte). Mit etwas mehr Risikofreude investierst du etwa zwei Drittel deines Kryptokapitals in die Top 5 und verteilst das restliche Drittel auf die Top 100, mit stetig abnehmenden Anteilen, je kleiner eine Coin ist. Und ein risikofreudiges Portfolio könnte z. B. zu 25 Prozent aus dem Top 1-Wert bestehen, zu 25 Prozent aus den Top 5, zu 45 Prozent aus Top 100-Kryptos und mit 5 Prozent sogar in äußerst riskante Memes oder ICOs (»Initial Coin Offerings« in Analogie zu IPOs bei Aktien) investieren. Und denk daran: Mehr als maximal zehn Prozent deines Gesamtvermögens solltest du nicht im volatilen Kryptomarkt einsetzen!

## Meine Kernbotschaften

- Diversifiziere dein Vermögen nicht nur innerhalb einer Assetklasse wie Aktien, sondern setze auf verschiedene Vermögenswerte.
- Die wichtigsten Vermögenswerte sind Aktien, ETFs, Immobilien, Gold, Kryptowährungen.
- ETFs bringen langfristig (binnen 10 bis 15 Jahren) eine solide Rendite von 6 bis 8 Prozent.
- Wie riskant ein ETF ist, hängt vom Index ab, auf dem er basiert. Breit aufgestellte Indizes mit Unternehmen entwickelter Länder sind sicherer als Themen-ETFs oder solche, die die Entwicklung von Schwellenländern abbilden.
- Stelle dein eigenes ETF-Portfolio zusammen, das deiner Risikofreudigkeit entspricht – von konservativ (ein »Ganze Welt-ETF«, der überwiegend auf Industrieländer setzt) bis risikofreudig (größerer Anteil von Themen-ETFs und solchen weniger entwickelter Regionen).
- Vermietete Immobilien eignen sich zum Vermögensaufbau, wenn du in Objekte in attraktiver Lage mit Wertsteigerungspotenzial investierst.
- Beobachte den Immobilienmarkt sorgfältig und eigne dir Wissen an, damit du den Wert einer Immobilie selbst einschätzen und eventuelle Mängel erkennen kannst.
- Stelle sicher, dass du mindestens 10 bis 15 Prozent des Kaufpreises an Eigenkapital besitzt und dass du in wachsenden Regionen investierst, die überdies nicht von einem oder wenigen Unternehmen abhängen.

- Gold gilt als krisensicheres Investment, schwankt aber historisch im Preis stark und wirft keine laufenden Dividenden oder Zinsen ab. Gewinne erzielst du allein bei einem Verkauf mit Gewinn.
- Außer in physisches Gold kannst du in Gold-ETCs und in Aktien Gold fördernder Unternehmen investieren (dann auch in Form von ETFs). Beachte dabei, dass Unternehmensaktien und der Goldpreis selbst sich nicht zwingend deckungsgleich entwickeln.
- Ratsam ist, aus den genannten Gründen nicht mehr als 5 bis 10 Prozent des eigenen Vermögens in Gold zu investieren.
- Kryptowährungen sind aufgrund teilweise hoher Kursgewinne ein interessanter, aber auch riskanter (sehr volatiler) Investmentbereich. Die bekannteste Kryptowährung ist der Bitcoin (BTC).
- Eine Anlage in Kryptos setzt wie ein Investment in Einzelaktien eine sorgfältige technische und fundamentale Analyse voraus. Ich empfehle ein Investment vorwiegend in bekannte Coins mit hoher Marktkapitalisierung und die Anwendung der DPS-Strategie, um laufend Gewinne zu realisieren.
- Aufgrund des höheren Risikos solltest du nicht mehr als 5 bis maximal 10 Prozent deines Vermögens im Kryptobereich investieren, wenn du dich für diesen Bereich interessierst und bereit bist, dich in die technische Handhabung von Kryptobörsen einzuarbeiten. Alternativ kannst du größere Coins auch bei Online-Brokern kaufen.

# 7

# Kinder & Geld: Durchbrich den Teufelskreis finanzieller Unwissenheit

*Kinder lernen nicht, was wir ihnen erzählen.*
*Sie lernen, was wir ihnen vorleben.*

Meine Tochter bekam zu ihrem 18. Geburtstag einen symbolischen Scheck im Riesenformat. Sie war erst sprachlos, als sie die Summe darauf sah. Dann rief sie: »Oh Mama, Aktien sind geil!« Der Hintergrund: Vor Jahren hatten wir ein Kinderdepot auf ihren Namen eröffnet und einen Teil der Geldgeschenke, die sie von großzügigen Paten, Großeltern und anderen Verwandten bekam, in ETFs angelegt. Ein echter Booster war das »Konfi-Geld«, denn zur Konfirmation werden inzwischen Summen verschenkt, von denen wir früher nur träumen konnten. Das Guthaben hatte sich prächtig entwickelt. Ab sofort konnte meine Tochter selbst über das Geld verfügen. Das gab ihr die Depot-führende Bank in einem Brief schriftlich: »Du hast nun vollen Zugriff.« Gleichzeitig war unser Elternzugang erloschen. Ich habe volles Vertrauen in meine Tochter. Sie wird verantwortungsvoll mit ihrem Geld umgehen, denn das hat sie sich in den letzten Jahren bei meinem Mann und mir abgeschaut. Wir haben vorgelebt, wie sich weitsichtige Investitionen und Geduld auszahlen. Sie hat außerdem mit ihrem Taschengeld gewirtschaftet und in verschiedenen Jobs ihr eigenes Geld verdient, was manchmal »echt anstrengend« war. Ich denke, sie ist bestens gerüstet für ihre eigene Umsetzung von »Investiere. Dich. Frei!«

Eltern wollen das Beste für ihre Kinder, davon bin ich überzeugt. Das Wichtigste ist bedingungslose Liebe – Liebe, auch wenn mal etwas schief geht oder Fehler passieren. Erst danach kommen Dinge, die man mit Geld kaufen kann. Vieles davon ist in den letzten Jahren sehr teuer geworden. Ein Führerschein ist kaum noch unter 5 000 Euro zu haben. Die Mieten steigen unablässig, auch und gerade für Studentenbuden. Reisen kostet. Die Lebensmittelpreise steigen. Jeder junge Erwachsene wird dankbar sein, wenn er oder sie mit einem finanziellen Polster in die Volljährigkeit startet. Wie du das auch mit kleinen Beträgen möglich machen kannst, ist Thema dieses Kapitels. Gleichzeitig geht es mir auch darum, den Teufelskreis finanzieller Unwissenheit in der eigenen Familie zu durchbrechen – dafür zu sorgen, dass Kinder ein positives Verhältnis zum Geld entwickeln und lernen, klug damit umzugehen. Beginnen wir mit diesem Punkt.

## Glaubensfragen oder: Wie sprichst du über Geld?

In einer repräsentativen Mastercard-Studie gab 2024 ein Drittel der Befragten an, Geld sei in ihrer Kindheit ein Tabuthema gewesen.[72] Dabei bin ich mir sicher, dass Geldfragen im Alltag dennoch eine Rolle spielten. Auch bei Kommentaren wie »Unsereiner kommt auf keinen grünen Zweig« oder »Das können wir uns nicht leisten« geht es schließlich ums Geld. Irgendwoher müssen die weit verbreiteten negativen Glaubenssätze ja kommen. Ich habe gelegentlich in Schulklassen Workshops zum Thema Finanzen gehalten. Noch heute teilen viele Neunt- oder Zehntklässler Überzeugungen wie »Geld verdirbt meistens den Charakter« oder »Reich kannst du nur werden, wenn du in eine reiche Familie geboren wirst«. So wird Geld von vornherein negativ belegt. Ich wünsche mir, dass sich das ändert. Frag dich:

**Wie sprecht ihr in der Familie über Geld?**

- Als etwas, das ständig knapp ist und bleiben wird. ☐
- Als etwas, das sich mit Umsicht vermehren lässt. ☐

**Wie sprecht ihr in der Familie übers Investieren?**

- Als etwas, das nur für Wohlhabende infrage kommt. ☐
- Als etwas, bei dem sich langfristig schon kleine Summen auszahlen. ☐

**Wie sprecht ihr in der Familie über reiche Menschen?**

- Als Menschen, die meist »Dreck am Stecken haben«. ☐
- Als Menschen, die vermutlich »reich geerbt haben«. ☐
- Als Menschen, die gut mit Geld umgehen können. ☐

**Wie sprecht ihr in der Familie übers Sparen?**

- Als einen unangenehmen Verzicht. ☐
- Als umsichtiges Zurücklegen, um durchs Investieren ein eigenes Vermögen aufzubauen. ☐

Häufig übernehmen wir Haltungen, die wir als Kinder vorgelebt bekommen. Wir ertappen uns dann dabei, Sprüche zu wiederholen, die wir früher von unseren Eltern gehört haben, sogar solche, die wir damals ätzend fanden. Der erste Schritt, um den Teufelskreis finanzieller Unwissenheit zu durchbrechen, besteht darin, eine positive, eine zuversichtliche Haltung zu den Themen Geld und Vermögen vorzuleben.

## Die beste Geldschule: Die Familie

Noch sind »Umgang mit Geld« und »Vermögen aufbauen« kein schulisches Pflichtfach. Dabei ist Finanzbildung so wichtig, wie die Dauerdiskussion über Altersarmut und über die Verfestigung prekärer Verhältnisse zeigt. Jugendliche würden in der Schule jedenfalls gern mehr über Finanzfragen erfahren, wie Umfragen zeigen.[73] Unvergesslich ist mir die Reaktion einer Fünfzehnjährigen nach einem vierstündigen Workshop in ihrer Klasse zum Thema »Money Skills«. Yasmin meldete sich und sagte wörtlich: »Frau Bolda, mir hat der Workshop sehr gut gefallen. Und wissen Sie was: Vor allem habe ich jetzt keine Angst mehr vor meiner Zukunft!« Nur vier Stunden hatten ihren Blick auf die Welt verändert.

Frühe Finanzbildung ist eine Investition in die Zukunft deines Kindes. Warte nicht, bis die Schulen irgendwann aktiv werden. Was kannst du selbst tun? Hier einige Ideen:

- Zeige deinem Kind beim Einkaufen, wie du Preise vergleichst und warum – nicht, weil du »leider sparen« musst, sondern weil du das Familienbudget sinnvoll ausgeben und einen Teil zurücklegen möchtest. Das verstehen schon Fünfjährige.
- Gib deinem Kind altersgemäß Taschengeld[74] und sprich mit ihm über seine Wünsche und Ausgaben. Es darf selbst entscheiden: kleine Wünsche sofort erfüllen oder lieber für größere Wünsche sparen?
- Übe spielerisch den Umgang mit Geld. Kleine Kinder lieben z. B. ein Kaufladenspiel, größere Kinder Monopoly, wo sie sogar schon in Immobilien investieren können.
- Für kleine Kinder ist ein Sparschwein eine gute Möglichkeit, Geduld beim Umgang mit Geld zu lernen. Wer fähig ist zum »Belohnungsaufschub«, wie Psychologen das nennen, bringt die besten Voraussetzungen mit, auch später umsichtig mit seinem Geld umzugehen und unüberlegte Impulskäufe zu vermeiden.
- Größere Kinder können ein eigenes Kinderkonto führen, auf das ihr Taschengeld und Geldgeschenke eingezahlt werden. Viele Banken bieten solche kostenlosen Konten für Kinder ab sieben Jahren an, oft in Verbindung mit Debit- und Kreditkarten, Online-Banking usw. – fast wie bei den Großen. Keine Angst, verschulden kann sich dein Kind damit nicht, denn Kontoüberziehungen sind unmöglich. Außerdem haben Eltern die Möglichkeit, das Konto jederzeit einzusehen. Einen Vergleich solcher Konten findest du unter www.finanzfluss.de.[75]

- Erzähle am Küchentisch von deinen Investments. Beantworte Fragen wie »Was ist ein ETF?« auf kindgerechte Weise. Finde passende Bilder. Ein ETF-Investment lässt sich beispielsweise mit der Investition in einen Fußballclub vergleichen, wenn dein Kind fußballbegeistert ist. Zeig, wie sich Geld vermehrt, wenn man Geduld hat. Zeig auch, weshalb sich das lohnt, z. B. indem du gelegentlich Geld für gemeinsame Erlebnisse (Ausflüge, Konzerte) abzweigst.
- Fördere Eigeninitiative deiner Kinder. Größere Kinder können Nebenjobs annehmen, um vom selbstverdienten Geld das neue Fahrrad, schicke Klamotten oder Konzertkarten zu kaufen. Ab 13 Jahren dürfen Kinder tagsüber leichte und für sie geeignete Arbeiten ausführen (maximal zwei Stunden täglich). Jugendliche ab 15 Jahren dürfen während der Schulferien höchstens vier Wochen arbeiten.[76]
- Sprich über den Wert von Dingen statt nur über den Preis. Billig ist nicht immer günstig, Qualität zahlt sich langfristig aus. Frag bei Konsumwünschen: »Brauchst du das wirklich? Bringt dich das weiter?« So verstehen Kinder früh, dass Geld kein Selbstzweck ist, sondern ein Werkzeug, um das eigene Leben zu gestalten.
- Nutze sich bietende Gelegenheiten im Alltag, um übers Investieren zu sprechen. Beispiel: Mein elfjähriger Sohn wollte sich vom Ersparten das zweite Paar Nike-Turnschuhe kaufen. Ich fragte ihn, ob wir vorher mal schauen wollten, was die Nike-Aktie kostete. Und siehe da, für den Preis der Schuhe bekam er gleich mehrere Aktien. »Cool« fand er die Idee, dass ihm damit ein Teil von Nike gehörte – und so wanderten die Aktien in sein Kinderdepot.
- Lebe Kontinuität und Gelassenheit vor, nicht Panikkäufe und Ärger. Kinder kopieren unser Verhalten. Und wer früh versteht, worauf es ankommt, hat später keine Angst vor Geld und vor dem Investieren.

## Geldanlage für Kinder: Das Kinderdepot

Je mehr Zeit für den Vermögensaufbau zur Verfügung steht, desto stärker kann der Zinseszins seine magische Wirkung entfalten. Auch das macht Geldanlagen im Kindesalter attraktiv. Wenn kurz nach der Geburt monatlich 50 Euro zu 6 Prozent Rendite für ein Kind angelegt werden, kann es an seinem 18. Geburtstag über 19 465 Euro verfügen – 10 800 Euro Einzahlungen und 8 665 Euro Zinsen. Bei der Anlage in einem breit gestreuten ETF sind 6 Prozent noch konservativ gerechnet: Es könnten auch 8 Prozent Zinsen sein, mit 24 164 Euro Endkapital bei gleicher Sparsumme. Auf dem Sparbuch dagegen, der Lieblingsanlage vieler Menschen bis heute, lägen bei mageren 0,25 Prozent Zinsen am Ende 11 048 Euro, davon nur 248 Euro Zinsen.[77] Selbst bei moderaten Inflationsraten von zwei Prozent wäre das Vermögen auf diese Weise realiter geschrumpft.

Deshalb meine dringende Bitte: Streiche das Wort »Sparbuch« ab sofort aus deinem Wortschatz! Nutze die lange Zeit, die dein Kind zum Vermögensaufbau hat. ETFs sind dafür ideal. Das ist übrigens nicht nur meine Meinung, sondern da sind sich Experten von der Stiftung Warentest bis zum Verbraucherportal www.finanztip.de einig.[78] In die gleiche Richtung zielen die Pläne der Bundesregierung für eine »Frühstart-Rente«, bei der der Staat jedem Kind in Schule oder Ausbildung zwischen dem 6. und dem 18. Lebensjahr zehn Euro monatlich für die Altersvorsorge zahlen will. Diese Summe soll langfristig und steuerfrei in einem Depot angelegt werden und erst zum regulären Renteneintritt auszahlbar sein.[79] Auch der Staat erkennt damit an, wie wichtig langfristige Vermögensbildung ist und dass eine Anlage am Kapitalmarkt dabei das Beste ist. Ob und wie die Pläne zur Frühstart-Rente ab 2026 konkret umgesetzt werden, war beim Abschluss dieses Manuskriptes noch nicht absehbar.

Grundsätzlich könntest du einen ETF für dein Kind auch in deinem eigenen Depot besparen. Die Eröffnung eines separaten Junior- oder Kinderdepots auf den Namen deines Kindes hat allerdings steuerliche und finanzielle Vorteile:

- Dein Kind hat wie jeder Erwachsene einen steuerfreien Sparerpauschbetrag von 1000 Euro jährlich, der per Freistellungsauftrag wirksam wird.
- Zusätzlich darf dein Kind ab 2025 jährlich bis zu 11784 Euro steuerfreie Einnahmen erzielen. Ob aus Kapitalanlagen oder Nebenjobs, ist dabei gleichgültig. Dieser »Grundfreibetrag« wird jährlich angepasst. Damit eine Bank keine Steuern abführt (was sie sonst automatisch tut), muss ihr eine »Nichtveranlagungsbescheinigung« (NV-Bescheinigung) vorgelegt werden. Die beantragst du bei deinem Finanzamt.
- In Summe bedeutet das, dass für dein Kind Kapitalerträge bis 12784 Euro jährlich steuerfrei sind.

Mit der Volljährigkeit geht das Depot automatisch in den Besitz des Kindes über. Es hat nun das alleinige Verfügungsrecht, dein eigener Zugang erlischt. Manche Eltern schauen da skeptisch. Ich denke, wenn Kinder und Jugendliche vorher schon in Geldfragen einbezogen wurden, ist es genau der richtige Zeitpunkt. Dann wird dein Kind auch weiterhin deinen Rat einholen.

Es gibt aber auch einige Punkte, die man bei einem Kinderdepot im Auge behalten sollte:

- Wenn dein Kind BAföG beantragt, hat es einen Freibetrag von 15000 Euro (Stand 2025). Besitzt es mehr eigenes Vermögen, wird die Summe, die diesen Freibetrag überschreitet, auf das BAföG angerechnet. Das BAföG wird dann je nach Vermögenshöhe zunächst entsprechend gekürzt oder verweigert.[80]
- Bei durchschnittlichen Monatseinnahmen von mehr als 535 Euro muss sich dein Kind selbst krankenversichern (Stand 2025). Zu den Einnahmen zählen auch Kapitalerträge. Konkret bedeutet das, ab Einnahmen von mehr als 7420 Euro pro Jahr fällt dein Kind aus der Familienversicherung heraus, denn der Sparerpauschbetrag von 1000 Euro wird nicht auf die Einnahmen angerechnet und kommt daher zu 12 × 535 € (= 6420 €) noch hinzu.

- Das Kinderdepot ist kein Notgroschen für dich. Es gehört von Anfang an deinem Kind. Du verwaltest es, kannst aber kein Geld entnehmen.

### Wie eröffnest du ein Kinderdepot?

Kinder- oder Juniordepots werden von verschiedenen Direkt-Banken und einigen Online-Brokern angeboten, auch unter Bezeichnungen wie »Starter-Depot« oder »Minderjährigendepot«. Dort kannst du Sparpläne für Welt-ETFs einrichten. Die kleinste mögliche Sparrate variiert dabei zwischen 10 und 25 Euro monatlich. Bei der ING und Comdirect konntest du 2025 sogar mit einem Euro monatlich starten. Auch die Gebühren für die Sparplanausführung variieren. Einige Sparpläne sind sogar kostenlos. Die Stiftung Warentest Finanzen hat 2025 dazu eine nützliche Vergleichsübersicht veröffentlicht (»Starthilfe per ETF«), die du im Internet herunterladen kannst.[82] Unter www.finanztip.de findest du ebenfalls eine ausführliche Vergleichsübersicht (»ETF-Sparplan: So findest Du das beste Kinderdepot«, Oktober 2025).[83] Nachdem du ein passendes Depot ausgewählt hast, geht es wie folgt weiter:

- Beide Eltern müssen der Depoteröffnung zustimmen.
- Du brauchst eure Personalausweise sowie Ausweis oder Geburtsurkunde des Kindes.
- Auf der Website der betreffenden Bank füllst du den Depotantrag aus. Die Risikoklasse muss dabei so gewählt werden, dass der Kauf von ETFs möglich ist.
- Dann folgt das übliche Identifikationsverfahren entweder per Videoident oder Postident. Anschließend wird das Depot freigeschaltet.
- Du richtest einen Sparplan für den ausgewählten ETF ein. Worauf du dabei achten solltest, kannst in Kapitel 6 im Abschnitt »ETFs: Wenig Aufwand, gute Rendite« nachlesen.

- Du beantragst bei höheren Beträgen die NV-Bescheinigung beim Finanzamt und reichst sie bei dem Depot-führenden Unternehmen ein.
- Du informierst Großeltern, Paten und andere Schenkende über die IBAN des Depots, wenn du möchtest, dass Geldgeschenke dorthin gehen.
- Du behältst die Gewinnausschüttung im Auge und achtest wegen der Familienversicherung auf die Grenze von 7 420 Euro pro Jahr.

Mit überschaubarem Aufwand hast du so den Grundstein für den Vermögensaufbau deines Kindes gelegt, der ihm einmal den Start in ein selbstständiges Leben erleichtern wird.

## Alternativen zum Kinderdepot?

Banken und Versicherungen sind erfinderisch, wenn es um Produkte geht, die ihnen lukrative Provisionen bescheren. Bausparverträge, Ausbildungsversicherungen, »Bildungssparen«, »Kinderpolicen« und ähnliche Kombiprodukte, die Versicherungsleistungen (kapitalbildende Lebens- oder Rentenversicherungen) mit Sparmodellen verbinden – die Auswahl ist groß. Davon ist grundsätzlich abzuraten, weil Abschlussgebühren und Verwaltungskosten die Rendite massiv senken. Häufig sind die Produkte zudem unflexibel, ein früherer Ausstieg muss teuer erkauft werden und garantiert wird teilweise nicht mehr als der Einzahlungsbetrag. Auch die Verbraucherzentralen warnen vor intransparenten Produkten.[84] Lass also lieber die Finger davon!

Wenn du für dein Kind Geld für einen kürzeren Zeithorizont anlegen willst, weil es zu einem bestimmten Stichtag gebraucht wird, greif am besten auf Tagesgeldkonten oder Festgeldkonten zurück. Parke das Geld dort, wo du die höchsten Zinsen bekommst und die europäische Einlagensicherung greift. Im Internet findest du regelmäßig Vergleichsübersichten dazu. Auf ein Tagesgeldkonto kann flexibel zugegriffen werden, während beim Festgeld eine feste Laufzeit vereinbart wird. Dabei gilt häufig ein Mindestanlagebetrag von 1 000 Euro. Auch Tages- und Festgeldkonten kannst du auf den Namen deines Kindes einrichten. Die Zinsen sind mit (aktuell) gut zwei Prozent zwar kein Grund zum Jubeln, sorgen aber zumindest dafür, dass die Inflation das Geld nicht auffrisst. Und natürlich kannst du auch die Anlagen für dein Kind sinnvoll diversifizieren und die beschriebenen Kontenformen und einen ETF-Sparplan parallel einrichten.

## Meine Kernbotschaften

- Wie Eltern über Geld sprechen und wie sie im Alltag damitumgehen, prägt das Verhalten ihrer Kinder – häufig bis ins Erwachsenenalter.
- Positiv über Geld und Vermögensaufbau zu sprechen und Umsicht und Geduld in Geldfragen vorzuleben, schafft ein Fundament dafür, dass Kinder später selbst erfolgreich mit Geld umgehen.
- Lass dein Kind früh eigene Geldentscheidungen treffen, beispielsweise beim Umgang mit seinem Taschengeld. Vermittle Hintergrundwissen, vermeide aber Vorschriften.
- Lernmöglichkeiten in Sachen Geld sind z. B. Kaufladenspiel, Sparschwein (kleine Kinder), Monopoly, eigenes Kinderkonto (Schulkinder).
- Ein Kind hat viele Jahre Zeit zum Vermögensaufbau. Nutze das mit einem Kinderdepot und einem ETF-Sparplan. So kann der Zinseszins seine volle Wirkung entfalten. Die potenzielle Rendite ist höher als bei den allermeisten anderen Anlageformen.
- Das beliebte Sparbuch hat definitiv ausgedient. Aufgrund der Niedrigzinsen verliert dein Kind dort bares Geld. Skepsis ist wegen hoher Provisionen, Abschlussgebühren und Verwaltungskosten angebracht bei speziellen Kinder-Vorsorgeprodukten der Banken und Versicherungen.
- Ein eigenes Kinderdepot hat erhebliche Steuervorteile (zusätzlicher Sparerpauschbetrag, steuerlicher Grundfreibetrag). Zu beachten sind allerdings Einkommensgrenzen bei der Mitversicherung in der Krankenkasse und Vermögensgrenzen beim BAföG.

# Ausblick

# Finanzielle Freiheit verleiht dir Flügel!

*Geld allein macht nicht glücklich.*
*Doch es gibt dir die Freiheit zu sein,*
*wer du wirklich bist.*

Damit sind wir am Ende unserer gemeinsamen »Geldreise« angekommen. Danke, dass du mir bis hierher gefolgt bist. Ich hoffe, du startest nun mutig damit, dein eigenes Vermögen aufzubauen – Investiere. Dich. Frei!

Dabei gilt das bekannte Sprichwort: Jede Reise beginnt mit dem ersten Schritt. Jeder einzelne Schritt bringt dich weiter. Beginne mit einer Bilanz deiner Ein- und Ausgaben sowie Vermögenswerte und entscheide dann, was du als Nächstes angehen willst. Der Rahmen wird dabei von deinen finanziellen Möglichkeiten, deinen Zielen und deiner persönlichen Risikofreudigkeit gesetzt, und auch davon, wie viel Zeit du investieren kannst und willst. Je stärker du auf Einzelaktien setzt, desto intensiver wirst du die Kurse verfolgen. Dasselbe gilt für stark schwankende Kryptowerte, falls du einen kleinen Teil deines Vermögens dort anlegen willst. In diesem Buch hast du die Instrumente kennengelernt, die dir das Investieren in beide Assets erleichtern. ETFs und entsprechende Sparpläne wirst du im Schnitt nur einmal jährlich überprüfen. Eine kleine Goldreserve legst du einmalig an und lässt sie dann ruhen. Die Investition in eine Mietimmobilie wiederum verlangt gründliche Vorbereitung und Marktbeobachtung. Bau dein Vermögenshaus langsam, aber stetig auf, und lerne im Prozess dazu. Es kommt nicht darauf an, schnell zu sein. Es kommt darauf an, konsequent einer Strategie zu folgen.

Ein eigenes Vermögen, das sich stetig entwickelt, lässt dich nachts ruhig schlafen. Es ermöglicht dir die Erfüllung deiner Wünsche. Vor allem aber stärkt es dein Selbstvertrauen. In meinen Finanz-Coachings und Onlinekursen kann ich förmlich sehen, wie Teilnehmerinnen auch innerlich wachsen. Geld ist kein Selbstzweck, es macht dich unabhängig. Mit anderen Worten: Es verleiht dir Flügel!

Und wenn du deine Geldreise mit mir gemeinsam fortsetzen und mit einem Netzwerk engagierter Frauen weiterlernen und weiterinvestieren willst – du weißt, wo du mich findest.

*Deine Emilia*

# Anmerkungen

1 Quelle: Deutsche Rentenversicherung (Stand 24.01.2025)
2 https://www.elitepartner.de/studien/streitthemen-in-beziehungen/
3 https://www.zinsen-berechnen.de/sparrechner.php
4 https://www.finanzen.net/konjunktur/inflationsrechner
5 Vgl. https://www.zinsen-berechnen.de/zinsrechner.php
6 Robert T. Kiyosaki, *Rich Dad – Poor Dad. Was die Reichen ihren Kindern über Geld beibringen.* München: FBV 2017, hier S. 13.
7 Vgl. »Finanzaufsicht BaFin sieht Defizite in Anlageberatung«, *Tagesschau* vom 13.07.2023; im Internet unter https://www.tagesschau.de/wirtschaft/verbraucher/bafin-anlageberatung-100.html
8 https://www.fluter.de/gleichberechtigung-frauen-deutschland-geschichte
9 https://www.ubs.com/ch/de/wealth-management/womens-wealth/magazine/articles/better-investors.html, https://www.ing.de/wissen/gender-investment/
10 https://www.theguardian.com/business/2018/sep/05/if-it-was-lehman-sisters-it-would-be-a-different-world-christine-lagarde
11 https://www.dai.de/fileadmin/user_upload/DAI_24037_Aktionaerszahlen_2024_Website_6.jpg
12 Meine Vergangenheit als Deutschlehrerin holt mich gelegentlich ein. Über trügerische Drachen wusste der Lyriker Rainer Maria Rilke offenbar Bescheid, als er sagte: »Unsere größten Ängste sind die Drachen, die unsere tiefsten Schätze bewahren.«
13 Mit 1 301 Euro (alte Bundesländer) und 1 370 Euro (neue Bundesländer) beziehen Männer durchschnittlich deutlich mehr Rente. Quelle: Deutsche Rentenversicherung (Stand 24.01.2025)
14 https://www.demografie-portal.de/DE/Fakten/altersrentner-beitragszahler.html
15 https://www.finanz.de/news/artikel-10364/ und https://www.lottoindeutschland.de/presse/starkes-jahr-fuer-das-glueck-2024
16 https://de.statista.com/statistik/daten/studie/3261/umfrage/gender-pay-

gap-in-deutschland/ und https://de.statista.com/statistik/daten/studie/1220561/umfrage/bereinigter-gender-pay-gap-in-deutschland/

17 https://www.bpb.de/kurz-knapp/zahlen-und-fakten/sozialbericht-2024/553059/eheschliessungen-und-scheidungen/

18 Berechnet nach www.zinsen-berechnen.de/zinsrechner.php

19 Hier gibt es ein Interview, in dem man Beate Sander und ihre Anlagestrategie kennenlernt: https://www.focus.de/finanzen/boerse/interview-die-boerse-rettete-mir-das-leben_id_10625410.html (Beate Sander starb 2020 im Alter von 82 Jahren.)

20 Vgl. https://www.finanzwende.de/verbraucherberatung/vermoegensaufbau-vorsorge/gefoerderte-renten-truebe-renditeaussichten, https://www.handelsblatt.com/finanzen/banken-versicherungen/versicherer/altersvorsorge-schlechtes-zeugnis-fuer-die-beliebten-riester-und-ruerup-renten/100010007.html

21 https://www.daserste.de/unterhaltung/film/themenabend-armut-und-verschuldung/altersarmut-ursache-tipps-100.html

22 https://www.handelsblatt.com/finanzen/vorsorge/altersvorsorge-sparen/kapitalmarkt-zwoelf-millionen-deutsche-legen-ihr-geld-in-aktien-an/100098152.html

23 https://www.finanzen.net/aktien/airbus-aktie (abgerufen am 02.12.2025)

24 https://www.finanzen.net/index/s&p_500 (abgerufen am 04.12.2025)

25 https://www.finanzen.net/index/s&p_tsx_composite_index (abgerufen am 04.12.2025)

26 https://www.wiwo.de/unternehmen/mittelstand/ranking-2025-das-sind-die-zehn-wertvollsten-unternehmen-der-welt/29870272.html

27 https://www.finanzen.net/aktien/apple-aktie und https://www.finanzen.net/aktien/alphabet_a-aktie

28 https://www.onvista.de/aktien/Microsoft-Aktie-US5949181045

29 https://www.beatvest.com/blog/wie-viele-aktien-gibt-es-weltweit

30 https://www.marketwatch.com/story/ipo-stands-for-its-probably-overpriced-2012-05-23

31 Ende 2024 stammten 74Prozent der Unternehmen im MSCI World Index aus den USA. Morgan Stanley gibt daneben noch den breiter aufgestellten MSCI All Country World Index (MSCI ACWI) heraus, mit Aktien von rund 3 000 Unternehmen aus 23 Industrieländern und 27 Schwellenländern. Quelle: https://www.sparkasse.de/pk/ratgeber/finanzplanung/investieren/in-wertpapiere-investieren/msci-world-etf.html

32 https://de.statista.com/statistik/daten/studie/77722/umfrage/rendite-von-zehnjaehrigen-staatsanleihen-nach-europaeischen-laendern/

33 Bodo Schäfer, *Der Weg zur finanziellen Freiheit. Ihre erste Million in 7 Jahren.* München: dtv, aktualis. Neuausgabe 2003.

34 Einen Überblick dieser Apps und Erläuterungen zu deren Funktionen findest du hier: https://www.handelsblatt.com/vergleich/kostenlose-haushaltsbuch-apps-vergleich/

35 Quelle: https://www.finanzen.net/aktien/tesla-aktie (Abruf am 01.09.2025; exakter Wert 918,29 Milliarden US-Dollar am 30.08.2025 auf der Basis von FactSet).

36 https://www.finanzen.net/aktien/quantumscape-aktie (Abruf am 01.09.2025)

37 Titel des Videos: *#38 Meine größten Börsen-Fails!* https://www.youtube.com/watch?v=dQ4PyXEIOFM

38 https://www.finanzen.net/aktien/netflix-aktie (abgerufen am 04.12.2025)

39 Von einer Investition von 100 € gehe ich hier aus, um das Prinzip leicht verständlich zu zeigen, mit jeder weiteren Tranche seine Investition um 25 Prozent zu steigern. In der Praxis investieren wir in der Regel höhere Summen. Außerdem sind nicht von allen Aktien Bruchteile zu erwerben, was derart runde Summen verhindert.

40 https://www.onvista.de/aktien/finder

41 https://www.onvista.de/top-werte/top-aktien

42 https://stockanalysis.com/stocks/screener/

43 https://companiesmarketcap.com/de/tupperware/umsatz/

44 https://renevanloock.com/amazons-entwicklung-1994-2020/#gref

45 https://www.spiegel.de/wirtschaft/boersenkurs-schrempp-abgang-bringt-aktionaeren-3-7-milliarden-a-367210.html und

46 https://www.finanzen.net/aktien/zalando-aktie (abgerufen am 02.12.2025)

47 https://www.finanzen.net/aktien/nvidia-aktie (abgerufen am 02.12.2025)

48 https://www.msci.com/indexes/index-resources/gics

49 z. B. unter https://aktienfinder.net/dividenden-kalender oder https://www.lynxbroker.de/boerse/boerse-kurse/aktien/dividenden-aktien/dividendenkalender/

50 https://www.onvista.de/anlagethemen/dividenden-aristokraten-aktien-600

51 https://aktienfinder.net/dividenden-kalender (Stand: 29.09.2025)

52 www.boerse.de (Meldung vom 19.09.25: »Bayer-Aktie: Lohnt sich der Einstieg jetzt?«

53 https://www.finanzen.net/index/dow_jones (abgerufen am 02.12.2025)

54 https://www.boerse.de/aktien/wissen/boersen-crash/%20

55 Robert T. Kiyosaki, *Rich Dad, Poor Dad. Was die Reichen ihren Kindern über Geld beibringen.* München: FBV 2017, hier S. 221.

56 Einen Kostenüberblick bei ETFs gibt es hier: https://www.justetf.com/

de/news/etf/die-tatsaechlichen-kosten-eines-etfs-gesamtkostenquote-ter-vs-total-cost-of-ownership-tco.html

57 Wir arbeiteten mit dem Unternehmen Immocation, das wir sehr empfehlen können. https://immocation.de/masterclass/

58 https://de.statista.com/statistik/daten/studie/1243816/umfrage/wanderungssaldo-groesste-staedte/

59 https://de.statista.com/statistik/daten/studie/998971/umfrage/verfuegbares-einkommen-in-den-groessten-staedten-in-deutschland/

60 https://www.finanztip.de/baufinanzierung/immobilie-kapitalanlage/

61 https://immobilien-strategie.com/blogbeitrag/achtung-mietnomaden/

62 https://www.goldmarket.fr/de/historische-Analyse-des-Goldpreises/?srsltid=AfmBOoplMchU82QUtiQPN0wkJlSuxtpIRahRN0-y3Nx49fUoeew3kqyF

63 https://www.finanzen.net/rohstoffe/goldpreis (Abruf am 28.10.2025).

64 BFH-Urteil Az. IX R 33/17

65 https://www.test.de/In-Gold-investieren-5308628-0/

66 https://www.justetf.com/de/how-to/gold-etfs.html

67 https://www.google.com/finance/quote/BTC-EUR?sa=X&ved=2ahUKEwirtcfjzcaQAxUFgP0HHbGyD3wQ-fUHegQIDBAX&window=5Y

68 https://de.statista.com/statistik/daten/studie/1018542/umfrage/anzahl-unterschiedlicher-kryptowaehrungen/

69 https://coinmarketcap.com

70 https://relai.app/de/blog/wie-viele-bitcoins-sind-verloren/

71 »Fiat« vom Lateinischen »es werde«. »Fiat-Geld« funktioniert aufgrund einer gesellschaftlichen Vereinbarung, bei der Münzen und Scheine als Zahlungsmittel akzeptiert werden.

72 https://www.mastercard.com/news/europe/de-de/newsroom/pressemitteilungen/de-de/2024/mastercard-studie-zur-rolle-von-familien-bei-der-finanzbildung-familie-pragt-das-finanzwissen-wahrend-ki-als-finanzratgeber-relevanter-wird/

73 Laut Schufa Jugend-Finanzmonitor 2024 trifft das auf 90 Prozent der Jugendlichen zu, vgl. https://www.schufa.de/newsroom/finanzen/jugendfinanzmonitor-2024-finanzkompetenz-junger-menschen/

74 Das Familienministerium hat dafür Empfehlungen formuliert, die du hier findest: https://www.finanztip.de/geldanlage/sparen-fuer-kinder/

75 https://www.finanzfluss.de/vergleich/girokonto/kinder-jugendkonto/ (10/2025).

76 Näheres findest du hier: https://www.familienhandbuch.de/familie-leben/recht/kinder-jugendliche/abwannduerfenkinderarbeiten.php

77 https://www.finanzfluss.de/rechner/zinseszinsrechner/

78 Vgl. z. B. https://www.finanztip.de/geldanlage/sparen-fuer-kinder/

(23.10.2025) oder *Stiftung Warentest Finanzen*, »Starthilfe per ETF« (Heft 5/2025).

79 Infos zur Frühstart-Rente gibt es hier: https://www.finanztip.de/altersvorsorge/fruehstart-rente/

80 https://www.BAföG.de/bafoeg/de/das-bafoeg-alle-infos-auf-einen-blick/foerderungsarten-und-foerderungshoehe/wird-vermoegen-angerechnet/wird-vermoegen-angerechnet.html

81 https://www.bundesgesundheitsministerium.de/gesetzlich-versicherte.html

82 https://www.test.de/Sparen-fuer-Kinder-4824915-0/ (und dort das kostenpflichtige PDF »Testergebnisse für 16 Wertpapierdepots für Minderjährige«).

83 https://www.finanztip.de/wertpapierdepot/juniordepot/#c131730

84 https://www.verbraucherzentrale.de/wissen/geld-versicherungen/sparen-und-anlegen/sinnvoll-fuer-kinder-und-enkelkinder-sparen-so-gehts-52686

# Kleines Börsenlexikon
## (Glossar)

**Aktie**
Mit einer Aktie erwirbst du einen Unternehmensanteil an einer Aktiengesellschaft (AG). Aktien werden an einer Börse gehandelt.

**Anleihe**
(auch »Schuldverschreibung« oder »Festverzinsliches Wertpapier«) Bei einer Anleihe leihst du dem Herausgeber eines Wertpapiers (z. B. einem Staat oder einem Unternehmen) für eine vereinbarte Zeit Geld. Am Ende der Laufzeit erhältst du deinen Einsatz mit (meist fest vereinbarten) Zinsen zurück.

**Asset**
Assets sind Vermögenswerte oder Anlageklassen, z. B. Aktien, Anleihen, ETFs, Gold.

**Bärenmarkt, Bullenmarkt**
Bulle und Bär stehen an der Börse symbolisch für Kursentwicklungen. Der Bulle hebt den Kopf und verkörpert daher steigende Kurse. Der Bär senkt den Kopf und steht für fallende Kurse. Analog dazu wird der Markt insgesamt als »bullish« oder »bearish«, Bullenmarkt oder Bärenmarkt bezeichnet.

**Blue Chips**
(auch: Large Caps) Sehr große, etablierte Unternehmen mit hoher →Marktkapitalisierung und hohem →Umsatz, sozusagen die Riesen an der Börse. Der Name spielt auf die teuersten Jetons im Casino an, die blau sind. Beispiele für Blue Chips sind Airbus, Boeing, Deutsche Telekom, IBM, Microsoft, Nike, SAP, Siemens.

**Börse** Im weiteren Sinne ist eine Börse jeder organisierte Handelsplatz, an dem Angebot und Nachfrage die Preise bestimmen (Kaffeebörse, Strombörse usw.). Im engeren Sinne ist »die Börse« ein digitaler oder analoger Marktplatz, an dem Wertpapiere (→Aktien, Anleihen) und andere Finanzinstrumente gehandelt werden.

**Börsenkurs** Der Kurs ist der momentane Preis einer Aktie, der sich aus Angebot und Nachfrage ergibt.

**Börsenwert** Der aktuelle Börsenwert (bzw. die →Marktkapitalisierung) eines Unternehmens ergibt sich, wenn man den →Börsenkurs eines Unternehmens mit der Anzahl der im Umlauf befindlichen Aktien multipliziert.

**Break-Even-Point** (auch Gewinnschwelle) Der Break-Even-Point ist erreicht, wenn die Gesamteinnahmen eines Unternehmens die Summe seiner Ausgaben decken. Ab da erzielt das Unternehmen Gewinn.

**Broker** Ein Broker ist ein Börsenmakler, der im Auftrag seiner Kunden Kauf- oder Verkaufsaufträge (→Order) ausführt und dafür Provisionen oder Gebühren erhebt. Siehe auch →Neo-Broker.

**Burggraben** »Burggraben« ist eine Metapher, die der Investor Warren Buffett prägte. Gemeint sind Faktoren, die die Marktstellung eines Unternehmens schützen wie ein Graben eine Burg. Dazu zählen z. B. eine attraktive Marke, Patente sowie Größen-, Qualitäts- oder Preisvorteile.

**Cashflow** Wörtlich übersetzt bedeutet Cashflow »Geldfluss« oder »Finanzstrom«. Beim Cashflow werden Geldzufluss und -abfluss in einem Unternehmen zu einem gegebenen Zeitraum miteinander verrechnet. Ein positiver Cashflow spricht für ein wirtschaftlich gesundes Unternehmen, das liquide (zahlungsfähig) ist. Ein negativer Cashflow (mehr Ausgaben als Einnahmen) ist ein Warnsignal.

**Crash** Ein Börsencrash ist ein plötzlicher und heftiger Einbruch der Aktienkurse (um 20 Prozent und mehr), der bei Investor/innen Panikverkäufe und damit weitere Kursverluste auslösen kann. Bekannte Beispiele sind der Schwarze Freitag zu Beginn der Weltwirtschaftskrise (1929) oder das Platzen der Dot.com-Blase (2000). Historisch gesehen hat sich die Börse nach jedem Crash wieder erholt.

**Depot** In einem Depot verwahrst und managt du deine Wertpapiere (z. B. →Aktien, Anleihen, ETFs). Es handelt sich um eine Art Konto, das du bei Banken oder Brokern eröffnest. Dabei fallen häufig (aber nicht in jedem Fall) Depotgebühren an.

**Diversifizierung** Mit einer Diversifizierung investierst du dein Kapital in verschiedene Anlageklassen oder →Assets, z. B. Einzelaktien verschiedener Unternehmen, ETFs unterschiedlicher Indizes, neben Aktien auch in ETFs, Immobilien, Gold usw. Ein diversifiziertes →Portfolio senkt dein Verlustrisiko, getreu der Börsenweisheit »nicht alle Eier in einen Korb zu legen«.

**Dividende** Als Dividende wird der Teil des Gewinns bezeichnet, den eine Aktiengesellschaft meist jährlich an ihre Anteilseigner (Aktionäre) ausschüttet.

**DPS-Strategie** DPS steht für Durchschnitts-Preis-Strategie. Dabei geht es darum, den durchschnittlichen Preis einer Aktie durch wiederholte Käufe bei fallenden Kursen zu senken, um schneller in die Gewinnzone zu kommen, sobald der Aktienkurs wieder steigt. Im Englischen spricht man vom »Cost Average Effect« (Durchschnittskosteneffekt). Die DPS-Strategie ist eine bewährte Anlagemethode.

**Einlagensicherung** Die europäische Einlagensicherung schützt Guthaben in Höhe von 100 000 Euro pro Person und Bank. Sie ersetzt im Falle einer Insolvenz der Bank das dort hinterlegte Geld.

**EPS** EPS steht für »Earnings per share« (Gewinn pro Aktie). Der EPS ergibt sich, indem man den Gesamtgewinn eines Unternehmens durch die Gesamtzahl der Aktien dividiert.

**ETF** ETF steht für »Exchange Traded Fund« – für einen Fonds, der an der Börse gehandelt wird. ETFs bilden einen →Index oder eine bestimmte Anlageklasse ab und enthalten somit eine Vielzahl verschiedener →Aktien oder Anlagen. So wird das eingesetzte Geld breit gestreut.

**Exit-Strategie** Eine Exit-Strategie definiert Kriterien dafür, unter welchen Umständen du dich von einer Aktie oder einer anderen Anlage trennen wirst.

**Fonds** Mit einem Fonds wird das Geld zahlreicher Anlegerinnen gebündelt in Wertpapiere investiert. »Aktiv gemanagte« Fonds werden dabei von Fondsmanagern geführt, während →ETFs als »passive Fonds« einem Index folgen.

**Free Cashflow** Wörtlich übersetzt ist der Free Cashflow der »freie Geldfluss« – das Geld, das ein Unternehmen kontinuierlich nach Begleichung aller Kosten (Ausgaben und Investitionen) zur Verfügung hat. Der Free Cashflow ist ein Indikator für →Liquidität und Finanzkraft eines Unternehmens.

**Fundamentalanalyse** Mit der Fundamentalanalyse prüfst du ein Unternehmen vor dem Aktienkauf auf seine wirtschaftliche Stabilität und seine zukünftigen Wachstumschancen. Dabei fließen verschiedene →Kennzahlen, eine Analyse des Geschäftsmodells sowie die Beurteilung des Top-Managements ein.

**Gewinn** Der Gewinn eines Unternehmens ergibt sich, wenn man von den Einnahmen (dem →Umsatz) sämtliche Kosten (z. B. für Gehälter, Mieten, Steuern, Rohstoffe, Betriebsmittel usw.) abzieht.

**Gleitender Durchschnitt** — Der gleitende Durchschnitt (GD) gibt den durchschnittlichen Aktienkurs für einen jeweils definierten Zeitraum in der Vergangenheit an und wird als statistischer Indikator für den zukünftigen Kurstrend genutzt.

**Hauptversammlung** — Jährliche Versammlung, bei der das Top-Management die Aktionäre über die wirtschaftliche Situation des Unternehmens sowie die Pläne des Managements informiert und die Entscheidung der Aktionäre zu verschiedenen Punkten wie Entlastung von Vorstand und Aufsichtsrat und Gewinnverwendung (z. B. Höhe der Dividende) einholt. Das Stimmrecht der Aktionäre bemisst sich an der Zahl der gehaltenen Aktien.

**Index** — (Plural: Indizes) Ein Verzeichnis oder Register wird allgemein als »Index« bezeichnet. Im Finanzwesen versteht man darunter eine Zusammenfassung von Wertpapieren (wie Aktien oder Anleihen) und deren Kursentwicklung. Ein Beispiel ist der DAX, der Deutsche Aktienindex, der die Kursentwicklung der 40 größten deutschen Unternehmen bündelt.

**Inflation, Inflationsrate** — Ein anhaltender Anstieg der Verbraucherpreise (gemessen an einem »Warenkorb« des Statistischen Bundesamtes) wird als Inflation (»Geldentwertung«) bezeichnet. Prozentuale Veränderungen der Preise zum Vorjahr oder Vorjahresmonat gibt die Inflationsrate an. Das erklärte Ziel der Europäischen Zentralbank EZB ist, die Inflationsrate im EU-Raum auf zwei Prozent zu begrenzen.

**Insolvenz** — Ein Unternehmen, das seinen Zahlungsverpflichtungen nicht mehr nachkommen kann, ist insolvent. Häufig bedeutet eine Insolvenz die Einstellung des Geschäftsbetriebs, und es besteht die Gefahr, dass Gläubiger bei der Abwicklung leer ausgehen.

**IPO** — (Initial Public Offering) Als IPO bezeichnet man den Börsengang eines Unternehmens, also den Erstverkauf von →Aktien.

**ISIN** (International Security Identification Number) Die ISIN ist eine internationale 12-stellige Kennnummer für Wertpapiere wie Aktien oder Fonds. Sie beginnt mit einer zweistelligen Länderkennung durch Buchstaben (z. B. DE für Deutschland). Die 6-stellige nationale →WKN ist anschließend integriert.

**Kennzahlen** Kennzahlen sind wirtschaftliche Daten (statistische Indikatoren), die du zur →Fundamentalanalyse eines Unternehmens heranziehst. Wichtige Kennzahlen sind z. B. →Umsatz, →Gewinn und →PEG-Ratio.

**Kerze** (im Aktienchart) Bei der Darstellung von Aktienkursen geben »Kerzen« Auskunft über Eröffnungs- und Schlusskurs (Kerzenkörper) sowie über Hoch- und Tiefkurs (»Dochte«). Rote Kerzen stehen für fallende, grüne für steigende Kurse.

**KGV** (Kursgewinnverhältnis) Das KGV erhält man, indem man den Kurs einer Aktie durch den Gewinn pro Aktie teilt.

**Klumpenrisiko** Von einem Klumpenrisiko spricht man, wenn jemand einseitig in bestimmte Vermögenswerte investiert, z. B. nur in Aktien einer Branche, nur in Immobilien, nur in bestimmten Regionen.

**Large/Mid/ Small Cap** Damit sind Unternehmensgrößen gemeint. Cap steht für Capitalization. »Large«, «mid« und »small« beziehen sich auf die →Marktkapitalisierung. Es gibt keine einheitliche Definition. Oft spricht man bei mehr als 10 Mrd. US-Dollar Marktkapitalisierung von »Large Caps«, bei 2 bis 10 Mrd. von »Mid Caps« und bei unter 2 Mrd. von »Small Caps«. Mid und Small Caps werden auch als Nebenwerte bezeichnet.

**Liquidität** Mit Liquidität (»Flüssigkeit«) bezeichnet man
1. die Fähigkeit einer Person oder eines Unternehmens, bestehende Zahlungsverpflichtungen zu erfüllen, und
2. die Eigenschaft eines Vermögenswertes (z. B. einer Form der Geldanlage), rasch und ohne Wertverlust in Bargeld umgewandelt werden zu können.

**Markt-kapitalisierung** Die Marktkapitalisierung oder der →Börsenwert eines Unternehmens ergibt sich, wenn man den Aktienpreis mit der Gesamtzahl der →Aktien multipliziert.

**Neo-Broker** Neo- oder Direkt-Broker sind digital agierende Broker mit (im Vergleich zu Banken) eingeschränktem Angebotsspektrum. Schwerpunkt sind Depotführung und Aktienhandel, häufig keine Kontoführung (etwa für Verrechnungskonten). Im Gegenzug rufen Neo-Broker geringere Gebühren auf.

**Order** Eine Order ist ein Auftrag an einen →Broker zum Kauf oder Verkauf eines Wertpapiers an der Börse, gekoppelt an bestimmte Voraussetzungen (z. B. Market-Order, Limit-Order, Stop-Loss-Order).

**PEG Ratio** PEG-Ratio steht für »Price/Earnings to Growth«, deutsch »Kurs-Gewinn-Wachstums-Verhältnis«. Die PEG-Ratio ergibt sich, wenn das Kurs-Gewinn-Verhältnis (→KGV) durch das von Experten erwartete prozentuale Gewinnwachstum geteilt wird. Es handelt sich dabei um eine wichtige Kennzahl zur Einschätzung des Aktienpreises (Unterbewertet, überbewertet, fair bewertet?).

**Portfolio** Als Portfolio bezeichnet man die Gesamtheit der Investments und Geldanlagen einer Person und deren besondere Aufteilung.

**Rendite** Die Rendite gibt den Ertrag einer Geld- oder Vermögensanlage an, und zwar in Prozent vom eingesetzten Kapital. Du berechnest die Jahresrendite, indem du deinen (jährlichen) Gewinn durch das eingesetzte Kapital teilst und das Ergebnis mit 100 multiplizierst.

**Risiko** Im Bereich der Geldanlage bezieht sich das Risiko auf die Möglichkeit des Geldverlustes (bis hin zum Totalverlust bei sehr riskanten Anlagen). Die Bereitschaft, Risiken einzugehen, variiert von Person zu Person. Deine Geldanlagen sollten deiner persönlichen Risikotoleranz und deinen finanziellen Möglichkeiten entsprechen.

| | |
|---|---|
| **Spread** | Spread (deutsch: »Streuung«) ist die Spanne zwischen Kaufpreis und Verkaufspreis eines Wertpapiers, also die Handelsdifferenz, von der die Börse lebt. Je geringer der Spread, desto günstiger für dich als Anlegerin. Zu den regulären Handelszeiten der (analogen) Börsen und bei hohem Handelsvolumen einer Aktie ist der Spread niedriger. |
| **Technische Analyse** | Bei der technischen Analyse prüfst du den bisherigen Kursverlauf einer Aktie, um daraus eine Prognose für die zukünftige Kursentwicklung abzuleiten. |
| **Umsatz** | Umsatz ist die Summe aller Einnahmen eines Unternehmens aus dem Verkauf von Waren und/oder Dienstleistungen vor Abzug von Kosten, im Unterschied zum →Gewinn. |
| **Volatilität** | Die Volatilität gibt an, wie stark der Preis einer Aktie oder eines Wertpapiers schwankt. »Hohe Volatilität« bedeutet also starke Kursschwankungen. |
| **WKN** | (Wertpapierkennnummer) Die nationale WKN, die eine eindeutige Identifizierung von Wertpapieren garantiert, ist mehr und mehr durch die internationale →ISIN abgelöst worden. Die WKN besteht aus 6 Ziffern. |
| **Zins** | Zinsen sind die prozentualen Beträge, die beim Leihen von Geld bezahlt und beim Verleihen bzw. Anlegen von Geld eingenommen werden. |
| **Zinseszins** | Werden Zinserträge gleich wieder angelegt, gibt es auch dafür Zinsen – Zinseszinsen. Auf längere Frist wirkt sich das erheblich aus, da es sich um exponentielles (immer stärkeres) Wachstum handelt. |

# Danke!

Als Erstes danke ich meinem Mann Christian. Du warst derjenige, der mich immer wieder ermutigt hat, dieses Buch zu schreiben, noch bevor ich selbst daran geglaubt habe. Du bist mein größter Fan, mein sicherster Ort und mein unerschütterlicher Motivator. Danke, dass du an mich glaubst, mich stärkst und mir immer wieder zutraust, größer zu träumen. **Wir ergänzen uns in einer Tiefe, die uns beide größer werden lässt, als wir es allein je werden könnten.**

Meinen Kindern Lorena und Tristan: Danke, dass ihr immer an mich glaubt – so selbstverständlich und bedingungslos. Danke für eure Geduld, eure Umarmungen, eure Freude und Liebe, die mich auch an langen Tagen trägt. Ihr schenkt mir jeden Tag einen neuen Grund, mutig zu sein. Ihr seid mein größtes »Warum« und mein schönster Kompass.

Meinen Eltern Nina und Ruben: Danke für euren Weg, eure Wärme und eure Liebe, auch in Zeiten, die nicht leicht waren. Ihr habt uns immer das Beste gegeben, und vielleicht gerade deshalb trage ich heute diese Werte in mir: Stärke, Dankbarkeit, Mut, Zusammenhalt. Ich bin die Frau, die ich bin, weil ich so viel Liebe und Durchhaltevermögen von euch mitbekommen habe.

Meinem verstorbenen Vater Ruben: Du wärst heute so unendlich stolz. Du hast noch erfahren, dass dieses Buch entstehen wird, und deine Freude darüber hat mich tief berührt. Auch wenn du nicht mehr hier bist, fühle ich dich. Dein Herzschlag, deine Worte, dein Glaube an mich begleiten jede Seite.

Meinen Geschwistern Alex und Julia: Danke, dass wir unser Leben miteinander teilen dürfen, all die Erinnerungen, das Chaos, das Lachen, die Tränen, die Geschichten, die uns geprägt haben. Danke für euren Zusammenhalt, euren Rückhalt und dafür, dass ihr immer an mich geglaubt habt. Ihr seid ein Stück Heimat für mich, egal, wo wir stehen. Und ich bin dankbar dafür, dass wir uns immer wieder finden.

Allen Freundinnen, Freunden und Familienangehörigen, die sich über jeden noch so kleinen Meilenstein von Herzen mit mir freuen. Danke für eure echte, unverstellte Freude, euren Zuspruch, euren Glauben an mich. Zu wissen, dass ihr da seid, trägt mehr, als Worte je beschreiben könnten.

Ein besonderer Dank gilt Dr. Begemann, die mich bei diesem Buchprojekt mit so viel Klarheit, Herz und Professionalität begleitet hat. Ihre Unterstützung hat mir ermöglicht, meine Gedanken, meine Botschaft und meine Vision so kraftvoll auf den Punkt zu bringen. Ich bin tief dankbar für diesen gemeinsamen Weg.

Und nun zu all den Frauen, die mir in den letzten vier Jahren ihr Vertrauen geschenkt haben: Danke, dass ihr »Ja« zu euch und »Ja« zu Investiere.Dich.Frei gesagt habt. Durch euch durfte ich wachsen, lernen, lachen, begleiten, staunen. Aus so vielen Begegnungen sind besondere Verbindungen entstanden.

Ihr alle seid der Herzschlag meiner Arbeit. Eure Geschichten tragen dieses Buch. Eure Schritte inspirieren meine eigenen. Und eure Entwicklung ist der schönste Beweis dafür, dass finanzielle Bildung Leben verändern kann.

# Über die Autorin

Emilia Bolda ist Gründerin der Emilia Bolda Finanzakademie und Mentorin für Frauen, die finanzielle Unabhängigkeit erreichen wollen. Als Kind mit ihrer Familie nach Deutschland geflüchtet, fand sie trotz begrenzter finanzieller Spielräume ihren Weg an die Universität und arbeitete anschließend über zehn Jahre lang als Lehrerin. Ihr didaktisches Wissen nutzt sie heute als Mentorin, Speakerin und in ihren Finanzworkshops: 2021 tauschte Emilia Bolda die sichere Beamtenlaufbahn gegen das Unternehmertum. Aus der Lehrerin wurde eine Investorin und ein Vorbild für Frauen, die ihre Vermögensbildung in die eigenen Hände nehmen wollen. In Online-Coachings vermittelt sie dazu umfassendes Wissen über Aktien, ETFs und andere Finanzinstrumente, sodass ihre Teilnehmerinnen die Scheu vor der Börse ablegen und ihre Finanzen eigenständig verwalten können. Dabei setzt Emilia Bolda auf bewährte Anlagestrategien und solides Finanzwissen. So wird man nicht »reich über Nacht«, aber stetig wohlhabender. Seit Gründung der Finanzakademie 2021 haben tausende Teilnehmerinnen auf diese Weise erfolgreich den Schritt in die finanzielle Unabhängigkeit gewagt.

Emilia Bolda lebt mit ihrem Mann Christian in der Nähe von Hannover. Das Paar hat zwei Kinder.

Mehr unter www.investieredichfrei.de

# Zum Begleitkurs »Investiere. Dich. Frei!«

Liebe Leserin,

über den untenstehenden QR-Code gelangst du zu kostenlosem Begleitmaterial zu diesem Buch. Dort kannst du dir Checklisten und Formulare als PDF zum Ausfüllen und Bearbeiten herunterladen.